왜구, 그림자로 살다

사@에
책사
015

왜구, 그림자로 살다

초판 1쇄 인쇄 2021년 5월 20일
초판 1쇄 발행 2021년 5월 27일
–
지은이 윤성익
펴낸이 이방원
편 집 정조연 · 김명희 · 안효희 · 정우경 · 송원빈 · 최선희 · 조상희
디자인 박혜옥 · 손경화 · 양혜진 **영 업** 최성수
–
펴낸곳 세창미디어
신고번호 제2013-000003호 **주소** 03736 서울특별시 서대문구 경기대로 58 경기빌딩 602호
전화 723-8660 **팩스** 720-4579 **이메일** edit@sechangpub.co.kr **홈페이지** http://www.sechangpub.co.kr
블로그 blog.naver.com/scpc1992 **페이스북** fb.me/Sechangofficial **인스타그램** @sechang_official
–
ISBN 978-89-5586-663-6 04910
978-89-5586-492-2 (세트)

살림지식총서 015

왜구, 그림자로 살다

윤성익 지음

세창미디어

차례

6장 16세기의 후기왜구

에필로그

프롤로그

앞으로 전개될 내용은 왜구가 〈나쁜 놈〉이었는지 〈좋은 놈〉이었는지를 말하려는 것이 아니다. 그저 《왜구는 무엇이었는가?》라는 주제에 대해 과거와 현재를 아우르며 가능한 한 과거의 기록에 의거해서 그들이 어떤 존재였는가를 생각해 보고자 하는 것이다. 이것은 왜구를 긍정적으로 볼 것인가 부정적으로 볼 것인가와는 전혀 관계가 없는 문제다.

왜구 하면 떠오르는 이미지는?

검푸른 바다 기쁨의 물결 저쪽에

O'er the glad waters of the dark blue sea,

우리의 생각은 무한하고 우리의 영혼은 자유로우니,

Our thoughts as boundless, and our souls as free,

산들바람이 물결치는 거품을 전해 주는 한,

Far as the breeze can bear, the billows foam,

우리의 제국을 살피고 우리의 집을 내려다본다!

Survey our empire and behold our home!

이것들은 우리의 영역으로, 그들의 지배에는 끝이 없나니—

These are our realms, no limits to their sway—

우리의 깃발, 대권을 만나는 모든 사람이 복종한다.
Our flag the sceptre all who meet obey.
우리의 떠들썩한 거친 생활은 아직 순항 중이고
Ours the wild life in tumult still to range
힘들게 일하고부터 휴식까지, 모든 변화에서 기쁨을 느끼다.
From toil to rest, and joy in every change.
오, 누가 알겠는가? 너는 아니다, 호화로운 노예여!
Oh, who can tell? not thou, luxurious slave!

—바이런, 『해적』, 「해적의 노래」

영국 시인 바이런(G. G. Byron, 1788~1824)의 유명한 서사시인 『해적(The Corsair)』(1814)의 첫머리에 등장하는 「해적의 노래」의 일부분이다. 해적(海賊)이라는 말을 들었을 때 여러분은 어떤 것이 가장 먼저 떠오르는지 잠시 생각해 보았으면 한다. 참고로, 아빠가 하는 공부에 별로 관심이 없는 중학생인 두 딸에게 같은 질문을 해 보니 돌아온 대답은 '원피스', '캐리비안', '보물', '잭 스패로'였다. '소말리아!'라는 단어도 나왔지만, 이것은 아마도 교과서에 실려 있는 내용 때문인 것 같았다. 새삼 매스미디어의 위력을 다시 알게 된 딸들의 대답이었지만, 비슷한 연령의, 혹은 그보다 10세 전후의 사람들도 비슷한 말들이 떠오르는 것은 아닐까?

해적이 주인공인 일본의 애니메이션 『원피스』나 할리우드 영화인 『캐리비안의 해적』에서 묘사되는 해적은 해적선에 올라 동료들과 함께 미지의 바다로 모험을 떠나는 자유로운 영혼을 지닌 '유쾌한 해적'이다. 처음에 들었던 바이런의 「해적의 노래」는 이와 같이 유쾌하고 정의로운 해적을 주인공으로 삼은 선구적인 예라고 할 수 있다.

그러나 보통 해적이라면 배를 타고 바다를 떠돌아다니면서 다른 배를 습격해 물건을 빼앗고 죄 없는 사람들을 살상하거나, 때로는 육지에도 올라가 평화로운 마을을 습격해 물건을 빼앗고 사람들을 해치는 무법자·약탈자를 떠올리는 경우가 많을 것이다.

사물을 바라보는 방식 가운데 비역사적 접근(非歷史的接近, ahistorical approach)이라는 것이 있다. 사물이나 행동을 바라볼 때 과거에서의 결과가 아닌, 현재의 여러 지각(知覺)이 영향을 준 산물로써 설명하는 것을 말한다. 우리는 과거의 많은 사실을 알고 있지만, ―혹은 그렇다고 생각하지만― 그것이 진짜인지 여부는 확신할 수 없는 점들이 많다. 우리가 알고 있는 많은 과거의 사실들이 실은 오랜 세월을 거치면서 그때그때의 여러 사정에 의해 변형되고 가공되어 왔을 가능성이 많기 때문이다. 해적에 대한 현재의 이미지도 그렇다고 할 수 있다.

역사상 가장 잘 알려진, 그리고 역사에 큰 영향을 미친 '해적'이라면 '바이킹'을 들 수 있다. 바이킹은 유럽 각지에서 약탈과 정복 활동을 펼쳤다. 바이킹이 상륙한 지역에서는 살인과 약탈 등 갖은 악행이 저질러졌고 피해를 당한 사람들에게 바이킹은 공포의 대상이 되었다. 기독교를 받아들이기 전에는 부가 집중되어 있던 교회나 수도원을 무자비하게 약탈했기 때문에, 중세 유럽의 사람들에게 바이킹은 그야말로 악마의 화신이었다. 영국의 기도서에는 "하느님, 우리를 북방인들의 진노로부터 보호하소서"라는 내용이 들어 있었다고 한다. 그리고 악마의 화신들로부터 영국을 지킨 왕은 영웅이 되었다.

그런데, 바이킹이 주인공으로 등장하는 영화나 문학 작품에서 이들은 모험심이 가득하고 여러 곤란을 극복해 가는 멋진 전사들로 묘사된다. 본래 바이킹이 약탈을 위해 바다를 건너 다른 지역으로 갔던 이유는 그들이 살던 북유럽이 생활하는데 여러 면에서 불리한 환경조건을 갖고 있었기 때문이다. 그들에게 침략을 당한 사람들의 입장에서 바이킹은 침략자인 '해적'이었지만, 바이킹의 입장에서는 그들의 삶을 영위하기 위한 하나의 방편이었다. 역사상 이들의 행위가 정당하다고까지는 말할 수 없을지 몰라도 그 이후 바이킹이 유럽 및 세계사에 끼친 영향 등을 종합해서 생각해 보면, 적어도 그 후손들의 입장에서는 부끄럽기보다는 자랑스러운 면이 많을 수도 있다.

역사상 '정복 활동'은 그 과정에서 발생한 여러 부정적 요소 — 대표적인 것은 인명의 살상 — 가 많음에도 불구하고 그 결과 — 영토의 확장이나 이후의 역사적 영향 등 — 를 중시해 그 긍정성이 부각되는 경우가 많다. 세계 역사상 최대의 악인이자 최대의 영웅으로 불리는 칭기즈칸이 그 대표적인 인물이다. 스웨덴이나 노르웨이 사람들이 자랑스럽게 스스로 '바이킹의 후예'라고 자칭하는 것도 그런 이유에서일 것이다.

'서양의 바이킹'과 종종 비교되는 '동아시아'의 존재가 '왜구'이다. 사실 바이킹과 왜구는 여러 면에서 다른 점이 많지만, 왜구는 '동아시아의 바이킹'과 같은 식으로 불리기도 한다. 각각의 활동 시기에는 차이가 있지만, 양자 모두 유럽과 동아시아의 중세(中世, Medieval)에 활동한 해적이었고, 각각 유럽과 동아시아의 역사에 큰 영향을 주었기 때문에 양자가 비교되는 것은 자연스러울 수도 있다. 한국에서는 다소 낯선 비교일지도 모르겠지만, 미국이나 유럽의 사람들을 대상으로 왜구를 설명할 때도 바이킹은 그 비교 대상으로 자주 쓰인다.

왜구가 바이킹과 비견되는 존재로 크게 부각된 것은

20세기 초, 근대화 및 해외 진출에 박차를 가하던 일본에서였다. 주의할 점은 이때 비교된 그들의 공통 이미지는 약탈이나 살육과 같은 '해적'이 아니라 그들이 처한 불리한 조건을 극복하고자 험한 바다를 건너 다른 지역으로 나아간, '모험가'·'정복자'로서의 면이었다는 점이다. 당시 일본으로서는 과거 그들의 조상이 한반도나 중국 대륙, 나아가 멀리 동남아시아까지 건너가 군사적 행동을 했다는 것이 그들이 하려던, 그리고 실제로 실행에 옮겼던 '침략'의 역사적 정당성을 내세우는 좋은 소재였다. '역사적 정당성'을 주장하기 위해서 부정적인 요소는 되도록 감추고 긍정적인 면을 부각시킬 필요가 있었던 것이다.

한국인 중에서도 바이킹을 긍정적으로 생각하는 사람은 많을 것이다. 그런데 왜구에 대해서는 어떨까? 한국인으로서 왜구라는 말을 처음 들어봤다고 하는 사람은 많지 않을 것이다. 자세한 내용까지는 모른다고 하더라도, 대부분의 한국인은 어려서부터 여러 경로를 통해 왜구라는 말을 들어 왔고 그에 따른 왜구의 이미지를 가지고 있을 것이다. 그리고 그 대체적인 이미지는 아마도 "왜구는 나쁜 놈"이라는 것일 게다. 한국인에게 왜구는 살상과 약탈을 일삼아 과거 우리 조상들에게 큰 피해를 주었던 '일본인 해적' 그 이상도 이하도 아닐 수 있다.

그런데, 앞서 언급했지만, 현재 우리가 갖고 있는 많은

'역사적 존재'에 대한 이미지는 오랜 세월을 거치면서 그때그때의 여러 사정에 의해 변형되고 가공되어 온 결과이다. '왜구'는 지금으로부터 수백 년 전의 존재이다. 그렇다면 현재 우리가 갖고 있는 왜구의 이미지는 과연 어떨까? 과거 역사에서의 실제 왜구에 어느 정도나 가까운 것일까? 혹은 동떨어진 것일까?

왜구와 바이킹에는 여러 가지 차이점이 있다. 그중 가장 큰 차이는 왜구와 달리 바이킹은 노략질만 한 것이 아니라 침략한 지역으로 이주해 그들의 왕조를 세우고 그곳에 뿌리를 내렸다는 점이다. 침략을 당한 유럽 대부분의 나라에게 바이킹은 침략자들이자 그들 역사의 일부이며 조상들의 일부분이기도 하다. 유럽사에서 바이킹이 활동하기 이전에 로마제국을 멸망시킨 게르만족의 침입을 떠올리면 쉽게 납득이 갈 것이다. 게르만족은 로마를 멸망시킨 뒤 유럽을 지배하고 새로운 나라를 각지에 세웠다. 그리고 이들 국가는 현재 유럽 주요 국가의 모태가 되었다. 바이킹 역시 마찬가지이다.

그러나 왜구의 경우에는 바이킹과 사정이 다르다. 왜구의 문제에서는 과거부터 현재까지 극명하게 피해자(국)와 가해자(국)가 나뉜다. 또한 왜구를 바라보는 각각의 입장에 여전히 큰 차이가 있다. 현재 각국에서의 왜구 이미지에 큰 차이가 있는 것도 이런 점이 크게 작용한다. 가해자라 할 수 있는 일본과 피해자인 한국·중국에서의 차이뿐만 아니라, 같은 피해자라고 할 수 있는 한국과 중국에서도 각각의 속사정이 다르기 때문에 왜구에 대한 입장에 미묘한 차이가 있다. 뿐만 아니라 이와 같은 차이는 각국에서의 전문적인 연구 경향이나 역사 서술에서도 나타난다.

'역사'라는 것은 오해를 부르기 쉬운 학문이다. 역사 교과서나 역사책에 실려 있는 '역사적 사실'이 과거 실제로 있었던 사실과 완전히 똑같다고는 말하기 힘들다. 현재 발생하고 있는 많은 사건 중에도 그 진상을 알기가 매우 곤란한 것들이 많은데, 이는 대개 그 사실을 명확히 밝혀 줄 증거가 부족하기 때문이다. 또한 증거가 많더라도 특정 사건에 대한 증언이나 주장이 서로 엇갈릴 때는 무엇이 진상인지 판단하기가 더욱 어려워진다.

과거의 사실을 알기 위한 가장 좋은 방법은 과거에 만들어진 기록들을 살펴보는 것이다. '과거의 기록'에는 여러 종류가 있지만, 대표적인 것은 역시 문자 기록이다. 왜구에 관한 사실 역시 과거의 기록을 통해 알 수 있다. 이 과거의 기록이라는 것은 결국 당시 사람들의 증언이나 주장에 해당한다. 그런데 이 증언이나 주장들이 서로 엇갈리는 경우에는 그 진실을 알기가 매우 어렵다. 왜구의 경우에는 사실 그렇게까지 상반되거나 모순되는 기록이 많지는 않다. "그렇다면 왜구의 실체를 밝히는 것에 큰 문제가 없는 것은 아닌가?"라고 생각할 수 있다. 그러나 이게 또 그렇지 않다.

왜구가 활동하던 당시에 '왜구'라는 말과 그와 관련된 기록은 거의 대부분 피해자에 해당하는 한국·중국의 문헌에서 나타난다. 일본에서는 왜구라는 말이 쓰이지도 않았고, 왜구 행위와 관련한 기록도 거의 없다. 왜구였던 사람들이 스스로 자신들이 왜구였다고 밝히거나 그들의 행동을 기록한 것은 더더군다나 그렇다.

그런데 왜구에 의한 해적 행위는 기본적으로 가해자와 피해자가 존재한다고 할 수 있다. 당시의 왕조를 단위로 생각하면, 피해자는 고려나 조선, 중국의 명(明)나라가 된다. 그리고 왜구에 대한 사실을 전해 주는 기본적인 자료는 이들 왕조의 공식 기록이다. 즉, 우리가 왜구에 대해 알 수 있는 과거의 기록은 거의 대부분 피해자 측의 일방적인 증언·주장인 셈이다. 왜구에 대한 과거의 기록들이 크게 모순되거나 상반된 주장이 많지 않은 것은 이런 이유 때문이기도 하다.

하나의 사건에 대해 올바른 판단을 내리기 위해서는 당연히 한쪽의 주장만을 근거로 해서는 안 된다. 최소한 양자의 주장을 모두 살펴봐야 할 필요가 있다. 예를 들어 일제 식민지

시절, 일본 검사의 공소 기록만을 가지고 재판에 회부된 독립운동가의 실체를 파악하는 것은 불가능할 것이다. 물론, 왜구를 독립운동가에 비유하는 것은 온당치 못하다는 비판이 있을 수 있다. 그러나 여기서 지적하고자 하는 것은 왜구가 스스로 남긴 기록은 거의 존재하지 않을뿐더러, 그들이 속했다고 할 수 있는 일본에서도 거의 기록되지 않았다는 점이다. 편중된 기록은 사실을 밝히는 데 도리어 방해가 될 수 있다. 이 때문에 비교적 많은 기록이 있음에도 불구하고 그 실체, 특히 이 책에서 주로 다루려는 "왜구는 무엇이었는가?"라든지, "왜구는 누구였는가?"라는 가장 기초적인 문제도 아직 명확하게 해결되지 않고 있다.

지금도 왜구와 관련해서는 한국과 일본, 일본과 중국, 혹은 각국 국내에서조차 여러 논쟁·논란이 계속되고 있다. 그 이유 중 하나는 이와 같은 '기록'의 문제 때문이다. 그리고 그것을 더욱 가중시키는 것은 그 '기록'을 여전히 가해자와 피해자의 입장에서 나누어 보려는, 혹은 상대방은 그런 식으로 본다고 생각하는 자기중심적인 경향이 있기 때문이다. 한국과 일본, 일본과 중국 학자 간의 논쟁에서는 실제로 이런 문제가 표출되기도 한다. 논리나 논증의 문제가 아니라 상대방이 잘못된 시각을 가지고 있다고 전제하는 '역사관의 문제'가 논쟁의 핵심이 되는 경우도 있다. 이런 논쟁이 불필요하다고까지는 할 수 없지만, 이런 현상은 왜구의 본질을 밝히는 데 그다지 도움이 되는 것은 아니다.

왜구에 대해 상반된 주장, 더군다나 때로는 극명하게 대비되는 주장이 존재하는 가운데 이 문제를 이야기하는 것은 곤혹스러운 점이 많다. 내 자신이 객관성을 유지하며 이 문제를 논한다고 하더라도 나와 '다른 의견'을 가진 사람에게 그것은 '틀린 주장'이며 극히 '주관적'으로만 여겨질 수 있다. 대부분의 한국인에게 왜구는 '나쁜 놈'이었다는 인식이 있다. 앞으로 전개될 내용은 왜구가 '나쁜 놈'이었는지 '좋은 놈'이었는지를 말하려는 것이 아니다. 그저 "왜구는 무엇이었는가?"라는 주제에 대해 과거와 현재를 아우르며 가능한 한 과거의 기록에 의거해서 그들이 어떤 존재였는가를 생각해 보고자 하는 것이다. 이것은 왜구를 긍정적으로 볼 것인가 부정적으로 볼 것인가와는 전혀 관계가 없는 문제이다.

전근대의 '해적'

우리에게 왜구는 약탈을 특성으로 하는 해적의 이미지가 강하지만, 요즘 일본에서 설명되는 왜구는 조금 다르다. 일본 백과사전의 왜구 항목에는 "약탈 행위나 밀무역을 행한 해적 집단에 대한 조선·중국 측의 호칭"이라고 설명하는 경우도 있고, 요즘 많은 사람이 이용하는 인터넷의 위키피디아에서는 "해적, 사무역(私貿易)·밀무역을 행한 무역 상인(貿易商人)"이라고 표현되어 있기도 하다. 일본의 역사 교과서 중에는 왜구의 가장 큰 특징을 '사무역'·'밀무역'으로 설명하는 경우도 많다.

문학 작품 등에 등장하는 왜구도 비슷하다. 예를 들면 일본의 역사소설가 진순신의 『호첩의 진(胡蝶の陣)』에는 왜구에

게 가족이 전부 죽임을 당한 주인공이 "왜구라고 하지만 본래는 단지 무장한 무역 상인 따위인데…"라며 울분을 표하는 장면이 있다. 하나같이 왜구를 '무역 상인'이라고 지칭하고 있는 것이다.

지금도 문제가 완전히 해결되지는 않았지만, 과거 일본의 역사 교과서 서술에 대해 한국·중국과 일본 사이에 쟁점이 되었을 때, 왜구에 대한 이런 부분도 문제가 되었다. 일본 역사 교과서와 같은 내용은 일본의 침략성 등을 감추기 위한 것이라고 한국과 중국에서 거센 비판이 일었다.

확실히 왜구를 '무역 상인'이라고 단순히 명기하는 위키피디아식의 서술에는 큰 문제가 있다. 그렇지만 왜구를 약탈을 일삼았던 해적이라고만 설명하는 것도 문제가 있을 수 있다. 재물을 약탈하고 인명을 살상하는 것을 주업으로 하는 '해적'과 불법 행위이기는 하지만, 밀무역을 행한 '무역 상인', 대부분의 사람은 이 둘 사이에 큰 차이를 느낄 것이라고 생각한다. 그런데 왜구는 그 두 가지 면을 모두 가지고 있었다. 특히 중국 대륙의 왜구에서 이런 면이 자주 나타난다.

이것을 이해하기 위해서는 먼저 과거의 '해적'에 대한 개념이 지금과 달랐다는 것을 알아 둘 필요가 있다. 전근대 시기 일본의 해적은 크게 다음과 같은 세 가지 경우로 구분할 수 있다.

① 피해자 또는 제삼자가 가해자를 지칭하는 경우
② 권력자가 자신에게 따르지 않는 존재를 지칭하는 경우
③ 해적 스스로가 자신을 과시하기 위하여 호칭하는 경우

이 중 ③은 특수한 경우로 일반적인 것은 아니다. 신숙주가 일본에 다녀온 뒤 그 경험 및 일본의 여러 사항에 대해 기록한 『해동제국기(海東諸國記)』에는 세토나이카이의 해적 두목이 스스로 '해적대장군(海賊大將軍)'이라고 자칭하는 내용이 있는데, 이것이 그 대표적인 예이다. 그러나 이것은 일반적인 것이 아니었고 한국과 중국에서는 이런 예를 찾아보기 힘들다. 따라서 전근대 해적은 보통 ①과 ②의 경우였다고 할 수 있다.

①과 ② 중 우리가 일반적으로 생각하는 '해적'은 ①의 경우에 해당한다. 여기서 '피해자'라는 것은 약탈 및 그에 준하는 폭력 행위 등으로 피해를 당한 사람들일 것이다. 고려 말의 경우를 생각하면 약탈의 피해를 직접 당한 고려의 백성들이나 고려 정부 등이 이에 해당한다.

그러나 ②의 경우는 ①과 상당한 차이가 있다. 또한 우

리가 보통 생각하는 '해적'과도 사뭇 다를 수 있다. ②의 경우를 과거 역사에서 찾아보면, 예를 들어 발해(渤海)가 당(唐)나라와 항쟁할 무렵 중국의 기록에는 종종 발해의 '해적'들에 의해 피해를 입었다는 내용이 나온다. 이 '발해의 해적'이라는 것은 발해가 당나라를 공격하기 위해 동원했던 일종의 해군(海軍)이었지만, 당나라에서는 이를 해적으로 간주했던 것이다.

적국(敵國)의 함선을 해적선이라고 부르는 경우는 대항해시대 유럽 각국에서도 종종 나타난다. 바다에서 경쟁하던 영국과 스페인은 바다에서 상대국의 선박을 만나면 공격해 그 물건을 빼앗는 경우가 많았다. 그럴 경우 서로 상대방을 해적선이라고 불렀다. 특히 영국의 사략선(私掠船, 국가로부터 적국의 선박을 공격·나포할 권리를 인정받은 민간 선박)과 같은 경우, 이들에게 피해를 당한 사람들의 입장에서 이들은 단지 해적일 따름이었다.

영국의 엘리자베스 1세 때 스페인의 무적함대를 격파하는 데 큰 공을 세운 드레이크 제독(Sir Francis Drake, 1545?~1596)은 해적 출신으로 잘 알려진 인물이다. 그러나 그 사정에는 좀 복잡한 면이 있다. 드레이크는 본래 상업 항해를 하던 사람, 즉 상인이었다. 그런데, 멕시코 지역에서 스페인 함대의 습격을 받아 많은 돈과 선박을 잃었다. 이후 그는 스페인에 대한 복수심과 자신이 잃은 것을 되찾겠다는 생각에서 스페인의 지배지였던 서인도 지역에서 스페인의 배를 공격하고 때로는 육상의 기지까지도 공격해 약탈하기도 했다. 그의 업적 중 유명한 것으로 1577년부터 1580년까지의 세계 일주 항해가 있다. 이것은 스페인의 마젤란 선단에 의한 최초의 세계 일주 이후 두 번째 기록으로 잘 알려져 있는데, 그의 세계 일주 항해는 단순한 탐험이 아닌 스페인 배를 약탈하기 위한 것이었다.

스페인 배를 약탈한 것은 드레이크의 사사로운 행동이었다. 스페인의 입장에서 드레이크는 당연히 해적일 뿐이었다. 많은 피해를 입은 스페인은 영국에 '해적' 드레이크의 단속과 처벌을 요구했다. 그러나 영국 여왕 엘리자베스 1세는 스페인의 요구를 거절하고 오히려 그를 영국 해군의 제독으로 임명했다. 그리고 드레이크의 약탈 행위를 국가 차원에서 돕기까지 했다. 과거 드레이크가 사사로운 약탈 행동을 했다면, 나중에는 국가가 공인하는 약탈 활동을 하게 된 것이다.

드레이크의 해상 활동을 그의 역할에 따라 구분하자면, 상인 → 사적 약탈자 → (영국에 의한) 공적 약탈자 혹은 영국 해군으로 변해 갔다고 할 수 있다. 영국의 입장에서도 사적 약탈을 행하던 시기의 드레이크는 '해적'일 수 있다. 그러나 그 시기에 그는 영국에 직접적인 피해를 주지는 않았다. 오히려 그가 스페인의 많은 재물을 약탈해 영국으로 가져오면 많은 사람으로부터 큰 환대를 받았다. 세계 일주를 하며 스페인 국왕에게 보내질 많은 보화를 약탈해 영국으로 돌아온 뒤에는 그것을 엘리자베스 1세에게 바치기도 했다. 그가 엘리자베스 여왕에게 발탁되어 해군 중장이 되고 기사의 작위까지 받게 된 것도 그런 활동과 명성 때문이었다. 영국인들에게 사적 약탈자인 드레이크는 해적이라기보다는 그들에게 큰 부와 명예를 가져다준 바다의 영웅이었다.

반면 스페인의 입장은 매우 달랐다. '사적 약탈자', 즉 해적인 드레이크의 처벌 및 스페인으로의 인도를 영국에 요구한 것은 스페인으로서는 너무나도 당연한 행동이었다. 드레이크는 스페인의 선박 및 육상 기지에 대해 무차별적으로 약탈을 감행하던 해적이었을 뿐이다. 그리고 스페인의 입장은 드레이크가 영국 해군의 제독이 된 후에도 크게 달라지지 않았다. 드레이크는 여전히 막대한 피해를 입히는 해적에 불과했다.

'발해의 해적'이나 드레이크의 경우는 모두 '국가권력'의 입장에 따라 해적이 될 수도 그렇지 않을 수도 있는 역사상의 좋은 예라고 할 수 있다. 그러나 그나마 이런 경우는 '폭력적' 활동에 의해 피해를 입은 피해자가 명확히 존재하기 때문에 그 피해자들에 의해서 '해적'으로 규정될 수 있던 측면이 있다. 즉, ①에서 말하는 해적의 개념과 전혀 무관한 것은 아니다.

그런데, 이와는 꽤 다른 유형의 해적이 있다. 『조선왕조실록』 성종 18년(1487)의 기록에는 평안도 철산(鐵山) 지역에서 표류해 한 섬으로 들어갔다가 돌아온 사람들이 그곳에 '해적'이 있으니 그들을 토벌해야 한다고 조정에 보고한 내용이 있다. 이때 묘사된 '해적'의 모습은 다음과 같다.

> "그 사람이 말하기를, '너희들이 나를 따르지 않으면 죽임을 당할 것이다' 하고, 즉시 결박하기에, 우리들이 애걸하며 함께 살기를 원하였더니, 곧 결박을 풀고 수수밥(蜀黍飯)을 먹였습니다. 그 섬에 사는 자는 남자가 5명, 여자가 9명, 아동이 4명인데, 다만 초사(草舍)가 네 채 있을 뿐이었습니다. 남녀의 옷은 노루 가죽을 썼고, 치마는 베(布) 두 폭을 썼으며, 활시위는 가죽을 썼고, 화살대는 나무를 썼으며, 그 언어는 알 수가 없었습니다. 오직 그 괴수로서 이름이 이말건(李末巾)이라고 하는 자만 우리나라 말을 아는데, 말하기를, '나의 선인(先人)은 본래 의주(義州) 사람인데, 요역을 피하여 요동(遼東)에 갔다가, 다시 이 섬에 옮겨 와 산 것이 지금 3년이다'라고 하였습니다."
>
> —『성종실록』, 성종 18년 11월 19일 갑인

이말건을 비롯한 섬의 주민들이 이른바 해적이 된다. 이 사람들이 섬에 흘러들어 간 연유나 이들의 생활 모습을 보면 요역에서 도망쳐 섬에 숨어 살고 있는 일가족처럼 보인다. 그런데 조선 조정은 이 보고를 들은 뒤에 그들 '해적'에 대해 조처를 취했다. 왜 이 사람들은 '해적'이라고 불리고 또 그렇게 취급당했을까?

요역은 백성으로서의 의무이며 이를 지키지 않으면 처벌의 대상이 된다. 그것으로부터 벗어나기 위해 국법을 어기고 국가의 통제를 벗어나 제멋대로 사는 사람들은 국가의 입장에서 무엇보다도 큰 '도적'이 된다. 조선시대에는 이와 같이 국가의 통제를 벗어나 사는 사람들이 간혹 있었다. 깊은 산속으로 숨어들어 가 사는 사람들은 조선 조정의 입장에서는 산적이었고 이말건 등과 같이 바다의 섬으로 도망친 사람들은 해적이었다.

즉, 과거 국가권력에서 규정했던 '해적'은 반드시 약탈과 같은 폭력 행위를 행했던 사람들만을 지칭하는 것이 아니었다. 이와 관련해 1609년(광해군 1)에 있었던 '중국 해적'의 예도 살펴보자.

"서해 조압도(曺壓島)에 해적선이 와서 정박하면서 고기를 잡고 나무를 하다가, 출신(出身) 손응린(孫應麟)을 결박하여 배에 싣고 가 장차 죽이려 하였습니다. 용강현령(龍岡縣令)이 군사를 거느리고 달려가니, 해수가 빠져 배가 좌초하여 움직이지 못했습니다. 포위를 하여 사로잡을 때 해적들은 배 안에 싣고 있던 돌덩이와 각목을 들고 나와서 한참 동안 대항하기에 갖가지로 위엄을 보여 어렵게 소탕하였습니다. 중국 해적이 21명이고… 손응린은 갑자기 잡혀서 무수하게 매를 맞아 머리가 깨졌고, 입고 있던 웃옷과 하의는 모두 벗겨서 해적들이 입고 있었습니다. 배 안에는 다른 물건은 없고 돌덩이와 각목 20여 개가 실려 있었으며, 그 나머지 물건들은 모두 자잘한 것으로 중요하지 않은 잡물이었습니다."

—『광해군일기』, 광해 1년 9월 28일 병오 2번째 기사

폭력 행위라는 점에서 보면 위의 '중국 해적'들은 그에 상응하는 행동을 했다고 할 수 있다. 그렇지만 내용을 보건대, 이들이 조선의 바닷가에 와서 하던 '본업'은 고기를 잡고 나무를 하던 것이었다. 이들을 단속하려던 조선군에 대응할 때의

무기도 돌덩이와 각목 정도로 전문적인 무기도 갖추지 않은 사람들이었다. 위의 상황은 최근에도 가끔 문제가 되는, 우리나라 연해에서 불법 조업하는 중국의 어선과 그들을 단속하려는 우리나라 해안경비대의 모습과 흡사하다. 불법 조업하는 어선이 해적이라고 규정되었던 것이다.

요역을 피해 섬으로 숨어들어 간 사람들이나 불법 조업을 하러 온 중국 사람들은 우리가 보통 생각하는 해적의 개념과는 차이가 있다. 그렇지만 위에서 본 것처럼 이들은 조선 조정에 의해 모두 해적으로 규정되었고 그에 준한 처벌을 받았다. 이들은 모두 조선의 국법을 지키지 않은 바다의 사람들이었다. "전근대 시기 해적"의 ②에 해당하는 것이 바로 이와 같은 경우의 것이다.

전근대 시기 동아시아 각국의 역대 왕조들은 대체로 대외무역을 국가의 엄격한 통제하에 두고 있었다. 특히 왜구가 활동하던 14~16세기에는 그 이전 시기에 비해 대외무역에 대한 통제가 더욱 엄격해졌다. 조선과 중국의 명나라에서 대외무역은 국가관리하의 공무역(公貿易, 조공무역)만이 허가되었을 뿐 민간에 의한 사무역이나 외국, 이민족과의 상거래는 허용되지 않았다. 이 원칙은 자국민뿐만 아니라 외부에서 오는 외국인들에게도 똑같이 적용되었다.

이런 국가의 법령에 따르지 않았던 사람들, 특히 바다에서 국가의 정책이나 국법을 따르지 않는 사람들은 모두 해적으로 취급되었다. 항행 중의 선박이나 연해 지역의 민가·관청을 습격해 살상·약탈 행위를 하는 무리뿐만 아니라 불법으로 상행위를 하는 사람들이나 불법으로 어로 행위를 하는 사람들까지도 해적이 되었다. "(허가 없이는) 바다에 널빤지 조각 하나 띄울 수 없다"라고까지 표현되던 '해금(海禁) 정책'을 시행한 명나라에서는 무고한 사람들까지 해적이나 왜구로 몰려 처벌되는 경우가 많았다. 물론 조선에서도 그런 예는 적지 않았다.

'왜'와 '구' – '왜구'라는 말의 의미

'왜구(倭寇)'를 국어사전에서 찾아보면 보통 '옛날 우리나라 근해에서 약탈을 일삼던 일본 해적'이라고 정의되어 있다. 다른 나라나 국민을 비하하는 것은 올바른 행위가 아니겠지만, 한국에서는 종종 일본이나 일본인에 대해 '왜놈'이라는 표현이 사용된다. 과거 한자의 기록에서는 '왜노(倭奴)'라고 적었는데, 이 왜놈이라는 말은 국어사전에도 나와 있는 표준어이다. 국어사전에서는 '왜놈'을 "일본인(혹은 일본인 남자)을 낮게 일컫는 말"이라고 설명하고 있다. 따라서 왜구에서 '왜(倭)'란 일본을 낮추어 부르는 말, 즉 비칭(卑稱)이라고 할 수 있다.

본래 왜는 '일본(日本)'이라는 국호가 생기기 전 일본 열도에 있던 나라 혹은 그곳에 살던 사람들에 대한 호칭이었다. '왜'라는 한자 표기는 중국 대륙의 사람들에 의해 붙여졌을 가능성이 높지만, '일본'이라는 이름이 생기기 전에는 일본 열도에 살던 사람들 스스로도 왜라는 이름을 사용했고 중국이나 한반도의 왕조와 교류할 때의 공식적인 칭호였다.

즉, '왜'는 대내외적으로 일본 열도의 사람들이나 그 정치적 존재를 지칭하는 정식 명칭이었다. 그러다가 8세기 이후 일본이라는 국호를 사용하면서 타국과의 공식적인 교류 시에는 일본이라는 명칭만을 사용하게 되었다. 중국의 역사서에는 일본 열도에 존재한 국가에 대해 왜와 일본을 병행해 사용하는 경우도 있었지만, 점차 일본이라는 국명이 정착하면서 국가 간의 교섭이나 일본 열도에 대한 일반적 사실을 기술할 때는 '일본'으로 통일되었다.

그런데, 이후 '일본'이라는 정식 명칭에 비해 점차 '왜'는 한반도나 중국 대륙에서 일본이나 일본인을 비하하는 용어로 사용되게 되었다. 한국에서와 마찬가지로 중국에서도 아직까지 일본 내지 일본인을 공공연히 비난할 때 한국의 왜놈에 해당하는 '왜노'나 '왜구' 등의 말을 사용하고 있다. '왜'라는 글자에 대해 현재 중국이나 한국에서는 부정적인 이미지가 강하지만, 본래 왜라는 한자 자체에 그런 부정적 의미가 있던 것은 아니었다. 어떤 이유로 현재와 같은 부정적 의미를 갖게 됐는가에 대해서는 여러 설들이 있지만, 일부 학자들은 발음이 비슷한 왜(矮: 키가 작다, 난쟁이라는 의미)의 뜻이 일본 사람들을 비난하는 과정에서 왜에 섞여 들어간 것이 아닐까 하고 추측하기도 한다.

왜구가 활동하던 고려 말, 일본이라는 명칭을 사용하지 않고 '왜'라는 표현을 사용한 것도 이런 연장선상에서 생각할 수 있다. 『고려사』에는 '일본'과 '왜'의 명칭이 혼재되어 사용되고 있다. 예를 들어 1378년(우왕 4) 7월의 기록에는 "일본승(日本僧) 신홍(信弘)"이 왜구를 물리쳤다는 표현이 있다. 이것은 '일본'과 '왜'가 구분되어 사용된 좋은 예이다.

'정몽주' 열전에도 정몽주가 '왜구의 금지'를 요청하기 위해 '일본의 하카타'로 갔던 사실이 기록되어 있다. 다만, 여기서는 '왜인(倭人)', '왜승(倭僧)'과 같은 표현도 사용되고 있기 때문에 '왜'가 반드시 일본에 대한 비칭이 아니었다는 증거가 되기도 한다. 『조선왕조실록』에도 조선 초부터 '왜인'과 '일본인'이라는 두 가지 표현이 모두 사용되고 있는 것으로 봐서는 당시에 왜가 무조건적으로 비하의 의미를 담고 있었다고는 보기 힘들다. 이 때문에 왜구의 '왜'가 일본인을 의미하는 것이 아닌 별개의 개념이라는 주장도 있지만, '왜구'에서 왜는 일본이나 일본인을 의미한다고 보는 것이 일반적이다.

'구(寇)'는 본래 '도적, 도적질하다'의 의미를 가진 한자이다. '구'만으로는 해적을 의미하지 않지만, 일본 열도에서 한반도나 중국 대륙으로 도적질을 하러 오려면 필연적으로 바다를 건너와야 했기 때문에 이들 도적은 자연스레 '해적'으로 인식되었다. 현재 왜구는 하나의 단어이지만, 본래 왜구라는 말은 "왜(倭: 일본인)가 ~를 노략질하다(寇)"라는 형식으로 사용되었다.

고려시대 사료에 '왜구'라는 말이 제일 처음 보이는 것은 『고려사』 고종 10년(1223) 5월 조의 "왜구금주(倭寇金州)"라는 문장이다. 여기서 구는 동사로 사용된 것으로, 이 문장은 "왜가 금주(현재의 경상남도 김해 지역)에서 노략질했다"라는 의미가 된다. 그리고 이후에 왜의 노략질이 빈번해지면서 '왜구'가 한 단어로 굳어져 사용된 것으로 생각된다.

요즘 한국에서는 도적의 의미로 이 '구'를 사용하는 경우가 왜구 이외에는 거의 없지만, 과거에는 '바다의 도적'을 의미하는 용어로 해적이 아닌 해구(海寇)가 사용되었고 산적도 보통 산구(山寇)라고 썼다. 이처럼 과거에 '구'는 도적 집단을 지칭하는 대표적인 말이었다.

'왜구'라는 말이 하나의 단어로 가장 처음 사용된 것은 고구려 광개토대왕비의 비문이다. 비문 중 광개토대왕 14년

(404) 갑진(甲辰) 조에 "왜구를 격파하고 무수히 참살했다(倭寇潰敗, 斬殺無數)"라는 문장이 있다. 다만, 광개토대왕비는 아직도 문장의 구조나 해석에 대해서 여러 의견이 분분해, 여기서의 '왜구'는 하나의 단어가 아니라 '왜'를 주어, '구(寇: 도적질하다)'를 동사로 보아야 한다는 주장도 있다. 그러나 그보다 더 중요한 문제는 광개토대왕비에 등장하는 '왜'나 '왜구'가 어떤 존재였는지 그 자체가 하나의 큰 논쟁거리로 남아 있다는 것이다.

당시는 아직 일본이라는 명칭이 생기기 전이다. 과거에는 여기서의 왜가 일본 열도의 정치적 집단이나 그에 속한 사람들을 의미한다고 생각했지만, 광개토대왕 당시 일본 열도에 과연 그 정도의 정치적 권력이 존재했는지, 나아가 그들이 한반도까지 와서 그런 활동을 할 수 있었는지 등에 의문을 갖는 사람도 많다. 그래서 일부 학자들은 광개토대왕비나 『삼국사기』 등에 등장하는 한반도의 '왜'는 '일본 열도의 왜' 및 '일본'과는 다른 존재였다고 주장하기도 한다. 이런 이유 등에서 광개토대왕비의 왜는 흔히 동아시아 고대사의 최대 미스터리로 여겨지기도 한다.

이와 관련해 더 기초적인 문제는 같은 단어가 사용되었다고 해서 그 개념이 반드시 동일한 것인가라는 점이다. 광개토대왕비의 '왜구'가 14세기 이후 사용된 '왜구'와 동일한 개념이었다고 보기는 어렵다. 또한 양자 간의 관련성도 없다. 『삼국사기』·『삼국유사』에도 '왜노', '왜병(倭兵)' 등과 같은 용어가 사용되었지만, 왜구라는 말은 없다. 유명한 문무왕의 수중릉과 관련된 사료에도 본래 '왜구'라는 말이 없었다. 『삼국유사』에 기록된 문무왕의 유언은 동해의 용이 되어 신라를 지키겠다는 것이었지만, 구체적으로 '누구'로부터 지키겠다는 말은 없었다. 『삼국사기』에서의 왜노·왜병도 광개토대왕비의 왜구처럼 그 실체가 무엇이었는지는 정확히 알 수 없는데, 고려 말의 왜구와 비슷한 집단으로 파악하는 학자들도 있다.

왜구는 그 한자의 의미대로 '일본인 도적(혹은 해적)'을 의미한다. 도적 내지는 도적질의 범위를 어떻게 정하느냐에 따라 다를 수 있지만, 국어사전에서처럼 왜구를 '일본인 해적'으로 본다면 삼국시대나 임진왜란 등 그 '시기'와 상관없이 바다를 건너와 여러 나쁜 행위를 행한 일본인들을 모두 왜구라고 할 수도 있다. 이런 관점에서는 그 나쁜 짓의 배경·목적·실상 등에 많은 차이가 있더라도 여하튼 '일본인'들에 의해 행해진 '나쁜 짓'은 왜구의 행위라고 부를 수 있게 된다. 과거 한국이나 중국에서 공권력과는 무관한 단순한 해적이나 범법 행위 —예를 들면 국가의 허가를 받지 않은 밀무역 행위 등— 뿐만 아니라, 임진왜란과 같은 국가권력이 총동원된 차원의 침략 행위에 대해서도 모두 아울러서 '왜구'라고 부른 것도 이런 인식하에서 이루어진 것이라고 할 수 있다.

흔히 말하는 '일반적 개념'과 학문적 영역에서 다루어지는 개념이 일치하지 않는 경우가 종종 있다. 일반적인 개념에서 삼국시대나 심지어 근대 이후 일본인의 침략도 '왜구'라고 생각하는 사람들도 있다. 그러나 학문적 영역의 개념에서 왜구는 13~14세기부터 16세기까지 동아시아의 바다에서 활동하던 존재로 한정한다.

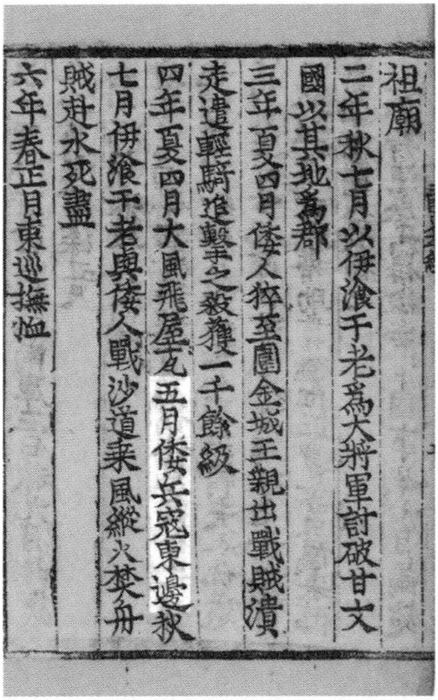
祖廟
二年秋七月以伊湌于老爲大將軍討破甘文
國以其地爲郡
三年夏四月倭人猝至圍金城王親出戰賊潰
走遣輕騎追擊之殺獲一千餘級
四年夏四月大風飛屋瓦五月倭兵寇東邊秋
七月伊湌于老與倭人戰沙道乘風縱火焚舟
賊赴水死盡
六年春正月東巡撫恤

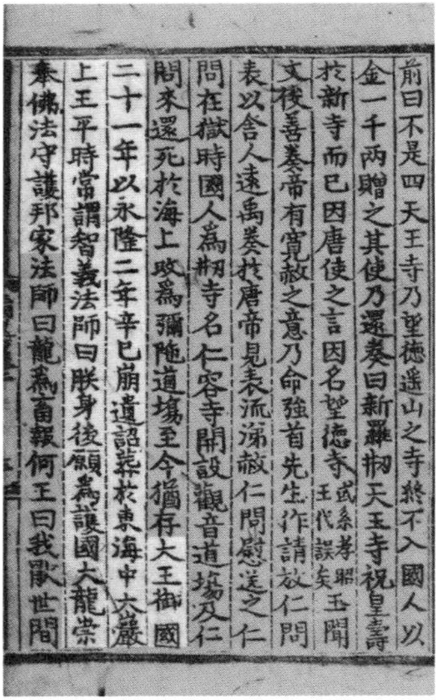
前曰不是四天王寺乃望德遙山之寺終不入國人以
金一千兩贈之其使乃還奏曰新羅刱天王寺祝皇壽
於新寺而已因唐使之言因名望德寺(或系孝昭王代誤矣)王聞
文俊善奏帝有寬赦之意乃命强首先生作請放仁問
表以舍人遠禹奏於唐帝見表流涕赦仁問慰送之仁
問在獄時國人爲刱寺名仁容寺開設觀音道場及仁
問來還死於海上改爲彌陁道場至今猶存大王御國
二十一年以永隆二年辛巳崩遺詔葬於東海中大巖
上王平時常謂智義法師曰朕身後願爲護國大龍崇
奉佛法守護邦家法師曰龍爲畜報何王曰我猒世間

좌: 『삼국사기』 권 제2, 「신라본기」 제2, “왜병이 동쪽 변경을 노략질하다”
우: 『삼국유사』 권 제2, 「기이」 제2, “문무왕의 죽음”

1장

그림자의 서막, 왜구

1350년 이후 왜구는 조직적인 모습을 띠고 규모도 커졌으며 그 피해 지역은 고려 전역으로 확대되었다. 그에 따라 피해의 규모도 그 전과는 비교할 수 없을 정도로 심각해졌다. 규모가 커지고 조직적으로 변한 왜구에 대해 고려군은 점차 제대로 대처하지 못하게 되었다. 고려군은 싸워서 이기지 못하는 경우가 나타났을 뿐만 아니라, 제대로 싸우려고 하지도 않았다.

1. 왜가 고려로 도적질을 하러 오다!

1223년(고종 10), 당시 고려는 최충헌의 뒤를 이은 최우가 최씨의 무신정권을 더욱 공고히 해 가던 중이었다. 그동안 잦은 무신들의 정권교체로 혼란스러웠던 고려의 내부는 최씨가 정권을 잡은 뒤 상대적으로 안정을 찾고 있었다. 중국 대륙에서 몽골이 급격히 힘을 키우면서 그 여파가 고려의 북쪽 국경까지 미쳐 소란이 일어나기도 했지만, 아직까지 큰 문제가 되었던 것은 아니었다.

그러던 그해 음력 5월, 왜가 처음으로 고려에서 도적질을 했다. 이에 대한 『고려사』의 기록은 매우 간단하다. "倭寇金州(왜구금주)"라는 단지 네 글자의 기록뿐이다. 여기서 '倭寇(왜구)'는 한 단어가 아니다. '寇'는 '도적질하다'라는 동사로 사용되었다. 금주(金州)는 현재의 김해 지역으로 일본, 특히 쓰시마섬[對馬]을 비롯한 규슈[九州]에서 배를 타고 한반도로 오기에 가장 가까운 지역이 된다. 그렇지만, 4글자로 기록된 이때의 일에 대해 상세한 것을 알 수는 없다.

왜의 도적질에 대해 고려의 조정에서는 그다지 심각하게 생각을 했던 것 같지는 않다. 2년 뒤인 1225년 4월에 왜선 2척이 다시 경상도 연해 지역을 도적질했는데, 『고려사』에 의하면 군대를 동원해 그들을 모두 사로잡았다. 그리고 그런 일이 있었던 며칠 뒤 고려의 왕(고종)은 유유낙낙하게 무사들이 벌이는 격구를 관람했다. 이런 상황을 통해서도 엿볼 수 있듯이 이때만 해도 경상도 연안에서 벌어진 왜인들의 도적질은 고려의 조정에서 그다지 심각하게 받아들여진 것 같지 않다.

그런데 이런 왜인의 도적질은 1226년과 1227년에도 반복되어 나타났다. 침범한 지역은 역시 금주를 중심으로 한 경상도의 연해·도서 지역이었다. 이런 일을 벌인 왜인들이 구체적으로 어떤 사람들이었는지 고려의 기록을 통해서는 알 수 없지만, 이때의 일과 관련된 일본 측의 기록이 남아 있다. 교토[京都]의 귀족인 후지와라노 사다이에[藤原定家, 1162~1241]는 『명월기(明月記, 메이게쓰키)』라는 일기를 남겼다. 『명월기』에는 그가 직접 듣고 목격한 이야기들이 다수 기록되어 있는데, 이들 기록은 중요한 사료적 가치를 지닌다.

이 책의 1226년 10월 16일 조에는 "쓰시마섬과 고려국이 싸우고 있다"라는 교토에서의 소문이 기록되어 있고, 그다음 날인 17일 조에서는 "마쓰라토[松浦党]라는 진서(鎭西)의 흉당 등이 수십 척의 병선으로 그 나라(고려)의 별도(別島)로 가서 민가를 불태우고 재화를 약탈했다. (고려로) 갔던 사람의 반은 죽임을 당했지만 남은 사람들은 은기(銀器) 등을 훔쳐 돌아왔다고 한다"라고 적었다. 그 당시 일본의 조정에서 규슈 지역 사람들이 고려에 침입한 문제를 논의하고 있던 것 등을 생각하면 『명월기』의 기록은 어느 정도의 사실을 반영한 것이라고 할 수 있다.

'마쓰라토', 혹은 '마쓰우라토'는 주로 규슈 서북부 지역에 거주하던 마쓰우라[松浦]씨 일족의 세력을 말한다. 이들은 흔히 '바다의 영주'라고 불렸는데, 이 말처럼 해상 활동과 깊이 관련되어 있던 사람들이다. 중세 일본의 대외무역 중심지 중 하나였던 히라도[平戸]나 16세기에 왜구왕 왕직이 거점을 두었던 고토[五島] 제도, 쓰시마섬과 규슈의 사이에 위치하며 한반도와의 교류에 깊이 관련되어 있던 이키섬[壱岐島] 등은 모두 마쓰라토의 세력하에 있던 곳이었다. 이들은 오래전부터 배를 이용해 한반도 및 중국 대륙과의 무역 활동도 펼치고 있었는데 일본 국내에서는 그 경쟁 세력들에 의해 해적이라고 불리며 악명도 떨쳤다.

처음에는 대수롭게 생각하지 않던 고려 조정도 반복되는 왜인의 도적질에 가만히 있을 수만은 없었다. 1227년 음력 5월, 일본의 대외관계를 관장하는 행정기관인 규슈의 다자이후[大宰府]에 고려로부터의 사자가 당도했다. 왜구 사건에 대한 항의와 양국의 우호를 다지기 위해 고려에서 파견한 사신이었다. 이때 가져간 고려 조정의 서간이 일본 가마쿠라시대의 역사서인 『오처경(吾妻鏡, 아즈마카가미)』에 남아 있다.

그 서간의 내용에 의하면 고려 조정은 이 사건을 쓰시마섬 사람들에 의한 것으로 파악하고 있었는데, 이에 대응해 당시 다자이후의 장관이었던 쇼니[少貳]씨가 고려 사자의 앞에서 악도(惡徒) 90명을 참수하고 고려 측에 답신을 보냈다고 한다. 『고려사』에는 이와 관련해 고종 14년의 기록 말미에 그해 박인(朴寅)을 일본에 파견했다는 내용과 함께 "일본에서 적왜(賊倭)를 찾아내어 그를 죽여 침략이 점차 줄었다"라고 적고 있는데 상당 부분이 일본의 기록과 서로 부합한다. 그리고 『고려사』의 기록처럼 그 후부터 1263년까지 『고려사』·『고려사절요』 등에는 왜가 도적질을 했다는 기록이 나타나지 않는다.

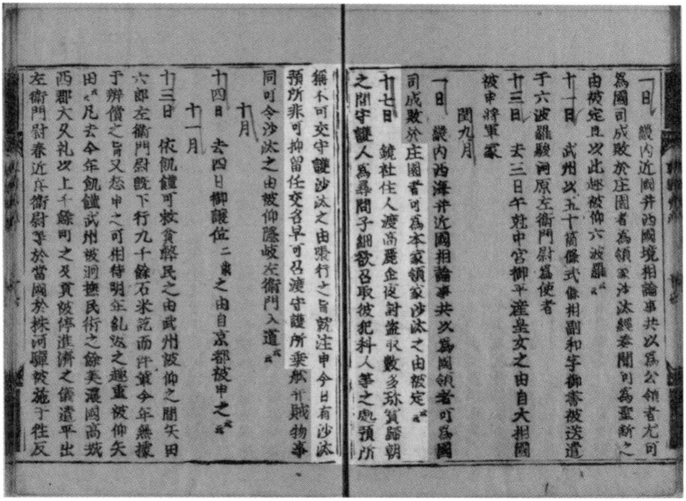

一日 畿內近國幷西國境相論事共以爲公領者尤可
爲國司成敗於庄園者爲領家沙汰經奏聞可爲聖斷之
由被定且以此趣被仰六波羅云々
十一日 武州以五十箇條式條相副和字御書被送遣
于六波羅駿河原左衞門尉爲使者
十三日 去三日午剋中宮御平産皇女之由自大相國
被申將軍家
閏九月
一日 畿內西海幷近國相論事共以爲國領者可爲國
司成敗於庄園者可爲本家領家沙汰之由被定云々
十七日 鏡社住人渡高麗企夜討盜取數多珍寶歸朝
之間守護人爲尋問子細欲召取彼犯科人等之處預所
稱不可交守護沙汰之由張行之旨就注申今日有沙汰
預所非可抑留任交名早可召渡守護所乘船幷賊物事
同可令沙汰之由被仰隱岐左衞門入道云々
十月
十四日 去四日御讓位二条之由自京都被申之云々
十一月
十三日 依飢饉可救貧餒民之由武州被仰之間矢田
六郎左衞門尉旣下行九千餘石米訖而件償今年無據
于辨償之旨又愁申之可相待明年秋之趣重被仰矢
田云々凡去今年飢饉武州被洞撫民術之餘美濃國高城
西郡大久礼以上千餘町之又貢被停進濟之儀遣平出
左衞門尉春近兵衞尉等於當國於株河驛被施于往反

『오처경』, 1232년 윤9월 17일 조[일본 국립국회도서관(国立国会図書館) 웹사이트에서 전재]

그런데, 고려의 기록에는 없지만 『오처경』의 1232년(고종 19) 윤9월 17일 조에는 사가현[佐賀県] 가라쓰시[唐津市]의 사람들이 고려로 건너가서 야습을 감행해 많은 재보(財寶)를 훔쳐 돌아왔다는 내용의 기록이 있다. 공교롭게도 현재 가라쓰시의 에니치지[恵日寺]라는 사찰에는 고려시대 경상도 거제도의 하청부곡(河淸部曲)에 있던 북사(北寺)에서 훔쳐 간 고려 범종이 전해지고 있다. 가라쓰시는 규슈 서북부의, 현해탄을 접하며 한반도를 마주 보는 지역으로 이 역시 마쓰라토의 세력권에 속했다. 『오처경』의 기록과 에니치지의 고려 범종을 관련시켜 이 종을 13세기에 왜구가 약탈해 간 것이라고 설명하기도 하지만, 북사에서 고려의 범종이 왜구에 의해 약탈당했던 것인지의 여부나 에니치지에 보관되기까지의 정황 등이 확실하지는 않다.

범종의 문제보다 중요한 점은 『오처경』에서 다루고 있는 '왜구' 사건이 1232년을 전후한 시기의 고려 기록에는 보이지 않는다는 것이다. 앞에서 언급했던 것처럼 고려의 사료에서는 1227년 이후부터 1263년까지 왜인이 고려에서 도적질했다는 사실이 나타나지 않는다. 그렇다고 해서 『오처경』이 없었던 사실을 기록했다고는 생각하기 힘들다. 과거의 역사 기록에는 종종 의도적으로 있던 사실을 숨기거나 사실을 날조하는 경우가 있기는 하지만 이 사건은 그럴 가능성이 거의 없다. 결국 고려의 기록이 불완전했을 수 있다.

1231년은 본격화한 몽골의 1차 침략의 여파로 당시 고려 조정이 그 수습에 그야말로 정신이 없던 때였다. 이런 상황에서 중앙정부로부터 멀리 떨어진 경상도 해안에서의 소란은 고려 조정에게 그다지 큰 문제가 되지 않았을 것이다. 더군다나 당시 고려 조정은 강화도로 피난 중이었다. 경상도 연안에서 중앙으로 제대로 보고가 이루어지지 않았을 가능성이 있다.

몽골의 침략에 맞서서 강화도로 피난해 오랫동안 항거하

던 고려 조정이 다시 개경으로 돌아간 것은 1259년이 되어서였다. 그리고 바로 그해에 고려 조정은 일본에 사신을 파견해 왜구(해적)의 단속을 요청했다. 고려에서 왜인에 의한 도적질의 기록은 1263년에야 다시 나타나는데, 그 전에 이미 그 단속을 일본에 요청한 것은 어떤 이유에서였을까? 추론은 되도록 삼가야 하지만, 기록되지 않은 왜인의 약탈이 있었을 가능성도 있다.

13세기에 있던 왜인의 약탈, 즉 '13세기의 왜구'는 사료에 기록된 횟수가 얼마 안 되고 이들이 침입한 지역도 경상도 일대의 한정적인 지역이었기 때문에, 1350년대부터 본격화되는 '14세기 왜구'와는 별개 성질의 것으로 분리해 생각하는 사람들도 있다. '아직 왜구는 아니었다'라고 표현할 수 있을지도 모른다. 그렇지만 현재 남아 있는 사료에 기록된 횟수만으로 13세기 왜구를 별개의 존재로 보는 것은 주의할 필요가 있다. 왜구가 14세기에 '본격화'하기 위해서는 그 전제가 필요하다. '왜구'라는 단어 및 개념은 13세기부터 시작된 '왜가 도적질했다'라는 표현이 거듭되면서 형성되었다. 13세기의 경험이 그 뒤의 '왜구' 활동에 토대가 되었다고 보는 것이 논리적으로도 타당해 보인다.

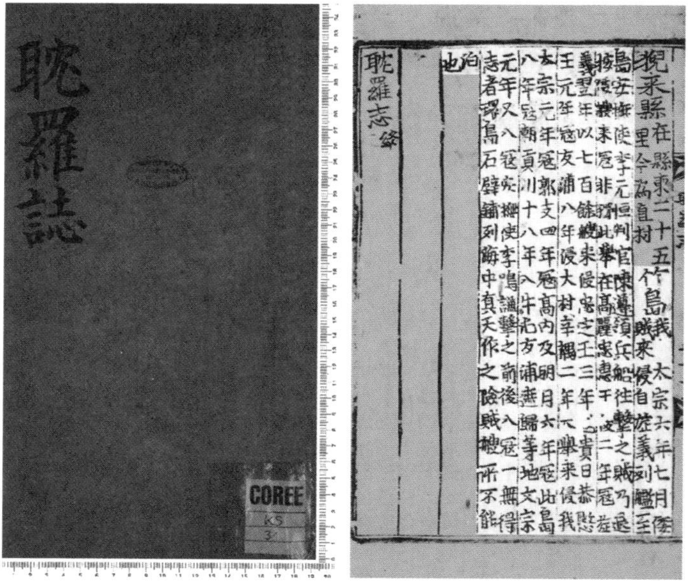

『탐라지(耽羅誌)』의 표지 및 '왜구 관련' 본문. 탐라지는 현존하는 가장 오래된 제주도의 지방지로서 1653년(효종 4), 태호(大湖) 이원진(李元鎭)이 편찬하였다. 『고려사』·『고려사절요』에는 제주도 지역(추자도 포함)에 침구한 왜구에 대한 기록이 3건뿐이다. 그런데, 이원진의 『탐라지』에는 『고려사』·『고려사절요』 및 『조선왕조실록』에는 나타나지 않는 왜구의 침구 사실이 기록되어 있다. 특히, 왜구가 나타났던 제주도의 구체적인 지역을 들고 있는데, 이런 구체적인 사실은 '정사(正史)'의 기록에는 나타나지 않는다. 비록 후대의 기록이지만, 이런 '지방지'의 기록은 앞으로 충분히 검토되어야 할 필요가 있다

2. 충렬왕과 쿠빌라이가 말한 '왜구'

1278년(충렬왕 4) 7월, 고려의 충렬왕은 원나라의 수도로 가서 황제 쿠빌라이를 직접 만났다. 충렬왕은 쿠빌라이와 여러 현안을 논의했는데, 그러던 중 갑작스럽게 쿠빌라이에게 이런 요청을 했다. "합포(合浦)에 진수군(鎭戍軍)을 머물게 하여 왜구에 대비하게 해 주십시오." 그러자 쿠빌라이는 "어찌 반드시 머물게 할 필요가 있겠는가? 그렇게 한다면 그대의 백성에게 피해가 없겠는가? 그대는 스스로 그대 나라 사람들을 써서 지키도록 하라. 왜구는 두려워할 것이 못 된다"라고 답하며 충렬왕의 요청을 거절했다. '왜구'가 주어+동사가 아닌, 하나의 단어로 사료에서 나타나는 것은 이것이 처음이다.

그런데 여기서의 왜구가 무엇을 가리키는지는 조금 애매모호하다. 왜가 노략질을 했다는 기록은 1265년 이후 나타나지 않는다. 충렬왕이 대비하려던 왜구는 그 이전 경상도 연안으로 노략질을 하러 왔던 그 무리를 의미하는 것일까? 아니다. 그렇지 않을 가능성이 높다.

쿠빌라이는 1274년의 1차 일본 원정이 실패한 뒤에도 계속해서 고려에 머물던 원나라의 장병들을 본국으로 귀환시키고자 했다. 반면 일본은 쿠빌라이의 위협에도 불구하고 여전히 저항의 의사를 굽히지 않았을 뿐만 아니라 도리어 대담하게도 고려로의 반격을 계획하기까지 했다. 충렬왕이 걱정한 것은 그 이전과 같은 왜인의 노략질이 아니라 일본의 국가권력 차원에서의 공격이었을 수 있다.

1278년의 기록 이후 '왜구'가 다시 한 단어로 사용된 것은 1302년(충렬왕 28), 충렬왕이 원 황제 성종(成宗)에게 올린 표문에서이다. 충렬왕은 정동성(征東省)과 요양성을 병합하고 관사를 동경(東京)으로 옮기는 것에 반대하며, "정동에 성(省)을 세운 것은 본래 왜구를 진알(鎭遏: 진압하고 막는다)하기 위해서였습니다"라고 말하고 있다. 정동성, 즉 정동행성(征東行省)에서 정동(征東)은 일본을 정벌한다는 말로, 정동행성은 1280년(충렬왕 6), 쿠빌라이가 2차 일본 정벌을 준비하면서 처음 세워졌다. 정동행성은 단순한 왜인의 노략질이 아니라 국가 차원의 일본을 의식해 설치된 기관이었던 것이다. 이런 사실들로 생각해 보면 충렬왕이 사용한 '왜구'는 13세기의 왜구나 1350년 이후의 왜구와는 다른 개념의 단어였을 가능성이 높다.

3. '왜구'의 시작

우리가 현재 사용하는 개념의 왜구라는 단어가 처음 사용되는 것은 1350년(충정왕 2)부터이다. 『고려사』에는 이해 2월 '왜'가 고성·죽림·거제·합포 지역을 도적질해(寇) 합포천호(合浦千戶) 최선(崔禪)과 도령(都領) 양관(梁琯) 등이 전투를 벌여 격파하고 적 3백여 급을 죽였다고 한 뒤, "왜구의 습격이 이로부터 시작됐다(倭寇之侵始此)"라고 쓰고 있다. 그 이후의 사료에서도 때때로 왜구는 한 단어가 아니라 주어+동사의 용법으로 사용되지만, 한 단어로 사용되는 용례가 부쩍 많아진다.

그런데 1350년은 단어가 사용되기 시작한 것뿐만 아니라, 왜구의 본격적인 활동이 시작되었다는 점에서 더욱 중요하다. 왜인의 노략질은 그 이전에도 있었지만, 1350년 이후 왜구는 조직적인 모습을 띠고 규모도 커졌으며 그 피해 지역은 고려 전역으로 확대되었다. 그에 따라 피해의 정도도 그 전과는 비교할 수 없을 정도로 심각해졌다. 1350년이 경인년이어서 이 이후의 왜구를 '경인 이후의 왜구'라고 부르기도 한다.

그런데 이 무렵 바다 건너 중국 대륙에서도 왜인들은 노략질을 하고 있었다. 중국의 사료에서 '왜구'가 한 단어로 완전히 정착하는 것은 명나라 때에 이르러서이지만, 왜인의 노략질을 의미하는 '왜구'는 이미 원나라 말기에 문제가 되고 있었다. 『원사(元史)』「순제본기(順帝本紀)」 지정(至正) 23년(1363) 8월의 기록에는 "왜인이 봉주에서 도적질했는데(倭人寇蓬州) 수장(守將) 유섬(劉暹)이 이를 격파했다"라고 한 뒤 "18년 이래 왜인이 계속해 해안가의 군현에서 도적질했는데, 이때에 이르러 해안이 겨우 평안해졌다"라고 적고 있다.

여기서 18년이란 지정 18년으로 서기로는 1358년이다. 즉 『원사』에 의하면 원(중국 대륙)에서 왜구가 시작된 것은 1358년이 되는 셈이다. 후대의 사료이지만 『이칭일본전(異稱日本傳)』에서는 왜구가 일어난 것이 지정 10년(1350)이라고 되어 있다. 이것은 고려의 기록과도 일치하는 해이다. 연대에 다소 차이가 있지만 한반도에서처럼 중국 대륙에서도 1350년대부터 왜구 활동이 활발해졌다는 것을 알 수 있다.

다만, 고려에서와 같이 중국 대륙에서도 1358년(지정 18) 이전에 '왜인에 의한 약탈' 사건이 있었다. 원 무종(武宗) 지대(至大) 원년(1308), 일본 상선이 경원(慶元)에서 가옥을 불태우고 약탈하는 사건이 발생했다. 경원은 현재의 닝보(寧波)로 원의 공식적인 대외무역항이 있던 곳이다. 전근대 중국의 역대 왕조들은 대부분 대외무역을 엄격히 통제하는 정책을 취했고 해외무역은 몇몇 지정된 항구에서만 이루어졌다.

일본 상선은 바로 그 대표적인 항구에 들어와 노략질을 했던 것이다. 사실 이 사건이 있기 전부터 원나라 조정에서는 일본 상선에 대해 경계하는 태도를 보이고 있었다. 무역을 하러 왔다고 하는데 배 안에서 무기가 발견되는 등 불온한 움직임이 있었기 때문이다. 그런 와중에 터진 사건인 만큼, 이 사건은 단순하게 단발성으로 발생한 것은 아니었다.

일본 상선의 방화와 약탈, 즉 한자로 '분략(焚掠)'이라고 표기되는 말은 왜구가 저지른 악행을 대표하는 단어였다. 왜인에 의한 노략질이었다는 점에서 보면 이것도 충분히 왜구 활동의 일환이라고 볼 수도 있다. 고려에서의 이른바 '13세기 왜구'에 상응하는 존재였던 것으로, 중국 대륙에서도 왜구의 시작이 1358년보다는 더 빨랐다고 할 수 있을 것이다.

4. 왜구시대의 개막

충정왕의 뒤를 이은 공민왕은 고려의 부흥을 위해 의욕적으로 여러 개혁을 추진했으나 그 걸림돌이 되었던 것 중의 하나가 왜구였다. 왜구는 공민왕이 즉위할 때부터 이미 큰 근심거리가 되어 있었다. 1352년 음력 2월, 공민왕은 즉위 조서에서 "왜적(倭賊)이 변방을 노략질하여 인명을 도륙하고 민가에 불을 지르며 조운선을 약탈하고 있는데, 이는 모두 수비군의 군율이 제대로 서지 않고 평소에 대비하지 않았기 때문이다"라고 탄식하며 왜구의 방비에 공을 세운 사람에게는 포상을 내릴 것이라고 선포했다. 포상의 내용은 상당히 파격적이어서 왜구를 포획한 사람이 양반일 경우에는 관직을 3등급이나 올려 주고 천민일 경우에는 돈을 내려 주겠다는 것이었다.

그렇지만 규모가 커지고 조직적으로 변한 왜구에 대해 고려군은 점차 제대로 대처하지 못하게 되었다. 왜구는 경상도뿐만 아니라 전라도 연안까지 몰려오기 시작했는데 고려군은 싸워서 이기지 못하는 경우가 나타났을 뿐만 아니라, 제대로 싸우려고 하지도 않았다. 책임자를 처벌해도 겁을 내고 왜구와의 교전을 회피하는 군 지휘관들은 계속 나타났다. 공민왕이 즉위한 때부터 왜구는 거의 매년 고려의 각지를 공격해 노략질을 했고, 고려는 여러 면에서 큰 타격을 받았다.

왜구의 주요 약탈 대상이 된 것은 미곡(식량)이었다. 다른 시대에도 그렇지만 고려시대에도 국가의 주 수입원은 조세로 거두어들인 미곡이었다. 징수된 미곡은 지방의 재정을 위해서는 각 지역의 창고에 보관되었고 중앙의 재정을 위해서는 주로 조운선(漕運船)을 통해 수도로 옮겨졌다. 왜구는 바로 이 창고들과 조운선을 집중적으로 노렸다.

예를 들면 1355년(공민왕 4) 음력 4월에는 전라도의 조운선 2백여 척이 노략질을 당했다. 고려시대 조운선은 1척에 많게는 천 석의 쌀을 실을 수 있었다. 단순히 계산하면 최대 20만 석 이상의 쌀을 약탈당한 게 된다. 이처럼 왜구에 의한 피해는 매우 심각해졌는데, 특히 조운선이 자주 약탈당하면서 중앙 재정은 큰 타격을 입었다. 1357년(공민왕 6)에는 조운이 통하지 않아 9품관의 녹봉을 지급하지 못했고 그다음 해에는 "요즈음 왜구 때문에 조운(漕運)이 통하지 않아서 백관의 녹봉이 지급되지 않고 있습니다"라고 할 정도였다. 조운선이 자주 공격을 당하자 고려의 주력군을 동원해 조운선을 호위하기도 했지만 왜구에게 대패하는 일이 빈번히 발생했다.

이런 문제 때문에 고려 조정에서는 연해 지역의 창고를 내륙으로 옮기는 등의 조처를 취했다. 왜구에 대해 1차적인 방어를 포기했던 것이다. 그러나 이것은 해결책이 되지 못했다. 왜구는 연안 지역뿐만이 아니라 도리어 내륙 깊숙이까지도 쳐들어왔다. 공민왕은 왜구의 격퇴를 빌며 태묘(太廟)에서 기도를 올리기도 했지만, 왜구는 수도인 개경 부근에까지 출몰해 약탈을 벌였다.

1360년, 왜구는 개경의 바로 코앞이라고 할 수 있는 강화에서 노략질을 벌여 3백여 인을 죽이고 쌀 4만여 석을 약탈했으며 강화도의 교동현(喬桐縣)에 불을 질렀다. 이어 1363년에는 왜선 213척이 교동에 정박하자 개경에 계엄을 내리는 초긴장 상태가 벌어지기도 했다. 이미 1361년, 홍건적의 2차 침입 때 홍건적에 의해 개경이 함락되어 유린된 적이 있었기에 근심이 이만저만 아니었을 것이다.

공민왕은 개혁 정책의 일환으로 수도를 수원으로 옮기려고 했는데, 감찰사에서는 수원이 바닷가에서 가깝기 때문에 왜구의 침략이 우려된다며, 옮기려면 내륙 깊숙이 위치한 청주가 적합하다고 추천하기도 했다. 결국 수도의 천도는 이루어지지 않았지만, 바다와 가까운 개경은 언제라도 왜구가 쳐들어올지 모른다는 위협에 놓여 있었다.

왜구는 고려의 전 지역에서 노략질을 벌였지만, 특히 강화도와 교동현, 개경으로 이어지는 예성강에 나타날 때마다 고려 조정은 크게 긴장하고 개경의 방비를 강화했다. 고려군은 왜구가 개경을 침범하는 것은 어떻게든 저지했지만, 예성강 가에 있던 창릉(昌陵)이 왜구에 의해 약탈당하고 태조 왕건의 부친인 세조(世祖) 왕륭(王隆)의 초상화(御眞)를 약탈당하는 치욕을 당하기도 했다.

고려군이 왜구를 물리친 적도 간혹 있었다. 그러나 1363년과 1364년에 잇달아 반란이 일어나고 1365년 노국공주가 죽은 이후 공민왕이 정사를 등한시하는 등 국정이 다시 문란해지고 기강이 해이해진 상태에서 왜구는 더욱 기승을 부렸다. 더군다나 왜구는 단순한 도적 집단이라고 할 수 없을 정도로 규모가 커져 있었다. 3천 명이나 4백여 척이 되는 집단도 나타났다.

1370년(공민왕 19), 건국한 지 얼마 되지 않았던 명나라에 파견된 고려의 사신은 명 태조 주원장에게 고려의 상황을 이렇게 말하였다. "왕이 석가(釋迦)의 도에 대해서만 힘쓰기를 생각하고 있으며, 바닷가를 지나가는데 바다로부터 50리 또는 30~40리가 떨어져야 그나마 민(民)들이 편안하게 거주할 수 있습니다."

그러나 이것도 아직은 시작에 불과했다. 공민왕의 뒤를 이은 우왕 때, 왜구는 극성을 이룬다.

5. 중국 대륙과 일본의 상황

1367년(공민왕 16) 음력 5월, 원나라에서 고려로 사신을 보내와 "왜적이 들어와 노략질을 하는데 반드시 고려를 경유할 것이니, 마땅히 군대를 출동시켜 잡아 주십시오"라고 요청하였다. 당시의 중국 대륙은 홍건적을 비롯해 각지에서 반란이 일어나 이른바 군웅할거의 상황이었는데, 그 가운데 특히 주원장의 세력이 급격하게 성장하고 있었다. 원나라에서 고려에 이와 같이 요청한 것은 당시 왜구의 노략질이 적지 않았기 때문이었겠지만, 당시 원나라가 처해 있던 국내 사정 때문인지 왜구와 관련된 기록은 거의 없다.

바로 다음 해인 1368년, 원나라를 북쪽으로 몰아낸 주

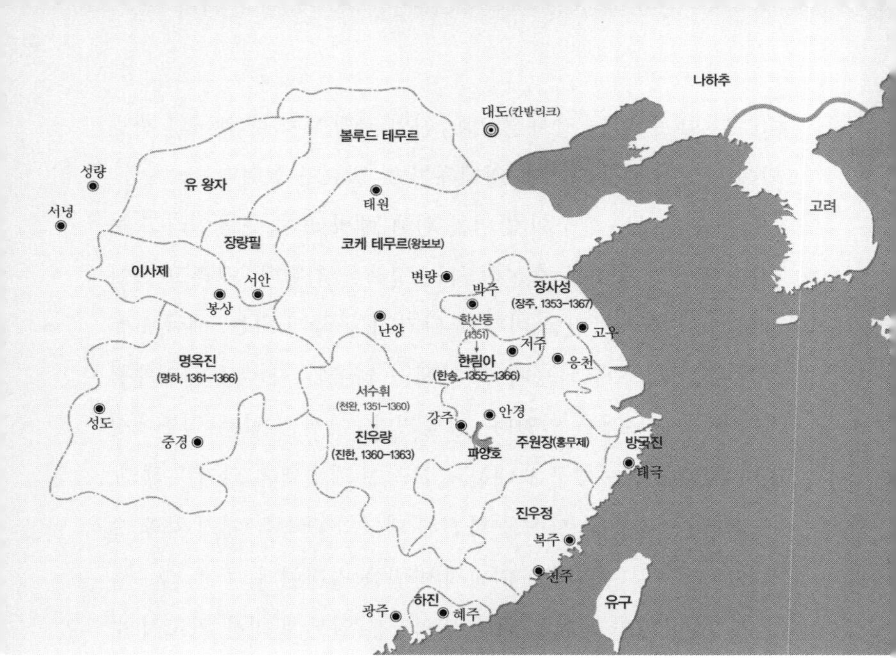

원말명초의 군웅쟁패도

원장(朱元璋)이 명나라를 세우고 황제 자리에 올랐다. 그리고 바로 그다음 해인 1369년부터 왜구의 노략질이 명나라의 역사 기록에 나타나는데, 그 후 태조 주원장의 치세 동안 거의 매년 왜구가 출몰했다. 왜구는 고려에서 그랬던 것처럼 중국의 연안 지역을 공격해 미곡과 백성들을 노략질했다. 고려보다는 적은 수였지만 건국 직후인 명나라에게 연안의 치안이 불안하다는 것은 간과할 수 없는 일이었다. 특히 원말의 군웅 중 해상 세력이라고 할 수 있는 장사성·방국진의 잔당이 이들 왜구와 관련되어 있었기 때문에 한층 경계해야 할 필요가 있었다.

명나라는 왜구의 방비를 위해 '해방(海防) 정책'이라고 불리는, 연안의 방비를 충실히 하는 정책을 취했다. 그리고 나아가서는 아예 자국민을 바다로 나가지 못하게 하는 '해금(海禁) 정책'도 실시하게 되는데, 여기에는 왜구와 자국민의 연계를 차단하려는 목적도 있었다. 그렇지만, 이것은 일본 열도에서 바다를 건너오는 왜구에 대한 근본적인 해결책은 되지 못했다. 고려에서 일본으로 사신을 파견해 왜구의 단속을 여러 차례 요청했던 것처럼 주원장도 외교적 방법을 병행했다.

왜구에의 대처를 위해 주원장은 일본에 대한 외교적 수단을 강구했다. 주원장은 한족(漢族) 왕조를 재건하면서 국제적으로도 중국 전통의 화이관(華夷觀)에 기반한 책봉(冊封)·조공(朝貢)의 원칙을 부활시켰다. 고려의 공민왕은 1370년에 명나라로부터 정식으로 책봉되었는데, 주원장은 일본에 대해서도 이런 원칙을 관철하고자 했다. 주원장은 즉위년인 1368년 11월, 처음으로 일본에 사신을 파견했지만, 이때 사신은 일본의 고토 제도 근방에서 해적들에 의해 살해당하고 말았다. 그래서 그다음 해 다시 사신을 파견했는데, 다행히 이들은 주원장의 조서를 가지고 일본의 규슈에 상륙할 수 있었다.

그런데, 당시 일본의 국내 사정은 매우 복잡했다. 천황의 직접 통치를 지지하는 남조(南朝)와 아시카가[足利]씨의 무사 정권인 무로마치 바쿠후[室町幕府]를 지지하는 북조(北朝)의 양 세력이 일본 열도의 각지에서 항쟁을 벌이고 있었다. 규슈도 두 세력으로 갈리어 치열하게 밀고 당기는 싸움이 거듭되고 있었다. 규슈에는 고대부터 일본의 대외관계를 담당하는 출장 기관인 다자이후가 있었는데, 명나라의 사신이 규슈에 상륙했을 때 다자이후는 남조의 정서장군(征西將軍)인 가네요시[懷良] 친왕(親王, 천황의 직계 아들이나 황족에게 수여된 칭호)이 점거하고 있었다.

명나라의 사신은 가네요시에게 주원장의 조서를 전달했는데 그 내용이 지금도 전해진다. 주원장은 그 조서에서 일본 국왕이 명나라의 황제에게 조공할 것을 요구하는 한편, 왜구의 피해가 중국에 미치고 있음을 말하고 왜구를 엄격히 단속할 것을 요구했다. 그리고 왜구의 피해가 줄지 않으면 군대를 동원해 일본을 정벌할 것이라고 엄포를 놓았다. 이런 내용에 격분했던지 가네요시는 명나라의 사절단 7명 중 5명을 죽이고 나머지 2명은 가두어 두었다가 나중에 풀어 주었다.

1370년, 주원장은 세 번째로 사신을 파견해 재차 일본 국왕의 조공을 요구했다. 이번에는 가네요시도 명나라의 요구를 받아들여 다음 해 명나라에 사신을 파견했는데, 이때 왜구에 사로잡혀 왔던 중국인 남녀 70여 명을 송환했다. 가네요시는 왜구를 단속하겠다는 등 명나라로부터의 요구를 받아들이고 일본 국왕의 직위를 받게 되었다. 그러나 1372년, 가네요시를 일본 국왕으로 책봉한다는 조서를 지닌 명나라의 사신이 다시 규슈를 찾았을 때 가네요시는 북조 측의 공세로 다자이후에서 쫓겨나 있었다.

명나라 사신은 북조 측에 의해 구속되었는데, 그제야 일본의 국내가 북조와 남조의 대립 상태라는 것을 알게 되었다. 후에 명나라의 사신들은 교토로 올라가 무로마치 바쿠후 측과 접촉한 뒤 귀국했다. 당시 무로마치 바쿠후의 3대 쇼군인 아시카가 요시미쓰[足利義滿]는 명나라와 정식 외교관계를 맺는 것에 적극적으로 나서서 자신이 실권자임을 내세우며 일본 국왕으로 책봉해 줄 것을 요청했으나, 명나라의 조정에서는 이미 가네요시를 일본 국왕으로 정식 책봉하였던 터라 요시미쓰의 요청을 거부했다. 요시미쓰의 바람이 이루어졌던 것은 그로부터 약 30년이 지난 뒤였다. 1392년, 북조에 의해 남북조가 합쳐졌고, 일본의 최고 실권자가 된 요시미쓰는 1401년 명으로부터 일본 국왕에 책봉되었다. 주원장이 사망한 지 3년 뒤의 일이었다.

왜구와 관련한 주원장의 외교적 조처는 고려에 대해서도 마찬가지로 이루어졌다. 주원장은 그전에 원나라가 했던 것

고려·명에서의 왜구 출몰 빈도[1]

시기			고려의 왜구			명의 왜구
고려	명	서기	A	B	C	D
공민왕 16	·	1367	1	1	1	·
공민왕 17	홍무 1	1368	0	0	0	1(0)
공민왕 18	홍무 2	1369	2	2	1	7(8)
공민왕 19	홍무 3	1370	2	2	2	3(3)
공민왕 20	홍무 4	1371	4	4	1	3(3)
공민왕 21	홍무 5	1372	19	11	10	6(3)
공민왕 22	홍무 6	1373	6	7	3	3(0)
공민왕 23	홍무 7	1374	12	13	11	5(0)
우왕 1	홍무 8	1375	10	16	7	·
우왕 2	홍무 9	1376	46	20	12	·
우왕 3	홍무 10	1377	52	42	29	·
우왕 4	홍무 11	1378	48	29	22	·
우왕 5	홍무 12	1379	29	23	15	·
우왕 6	홍무 13	1380	40	21	17	2(1)
우왕 7	홍무 14	1381	21	19	19	·
우왕 8	홍무 15	1382	23	14	12	·
우왕 9	홍무 16	1383	50	28	24	1(1)
우왕 10	홍무 17	1384	19	16	12	2(2)
우왕 11	홍무 18	1385	13	16	12	1(0)

시기			고려의 왜구			명의 왜구
고려	명	서기	A	B	C	D
우왕 12	홍무 19	1386	0	0	0	·
우왕 13	홍무 20	1387	7	5	4	·
우왕 14	홍무 21	1388	20	17	11	1(0)
공양왕 1	홍무 22	1389	5	11	11	1(0)
공양왕 2	홍무 23	1390	6	2	1	1(1)
공양왕 3	홍무 24	1391	1	1	2	2(2)
공양왕 4	홍무 25	1392	1	2	1	·

처럼 고려 조정에 왜구의 방비와 토벌을 여러 차례 요구하고 때로는 직접 지시하기까지도 했다. 1370년, 공민왕이 정식으로 책봉을 받은 뒤에는 더욱 노골적으로 종종 고려의 내정에 간섭했다. 왜구 토벌에 대한 요구는 단순한 요구의 차원을 넘어 고려 조정에게는 일종의 협박으로 들리기도 했다. 주원장은

1 A와 B는 김보한, 「중세 여, 일 관계와 왜구의 발생원인」, 한일관계사연구논집 편찬위원회 편, 『왜구·위사 문제와 한일관계』, 경인문화사, 2005, 108쪽의 표 '왜구의 출몰 빈도수'를 기초로 재작성하였다. A는 羅鐘宇, 『韓國中世對日交涉史研究』, 원광대학교 출판부, 1996, B는 田村洋幸, 『中世日朝貿易の研究』, 三和書房, 1967 등을 바탕으로 작성되었고, C·D의 기본 수치는 范中義·仝晰綱, 『明代倭寇史略』, 中華書局, 2004, 33쪽의 표에 의하며, D의 괄호 안 수치는 田中健夫, 『倭寇 —海の歴史』, 教育社, 1982, 204쪽의 표에 의한다.

일본에 대해서와 마찬가지로 고려를 압박하는 수단으로 왜구를 활용했던 것이다. 왜구에의 대처를 둘러싼 외교 문제는 고려뿐만 아니라 그 뒤의 조선에서도 계속 큰 문제가 되었고 주원장의 뒤를 이은 황제들도 이를 이용했다.

한반도에서 왜구 활동이 격렬했을 때 중국 대륙에서는 활동이 적고 반대로 중국 대륙에서 격렬했을 때 한반도에서는 활동이 줄어드는 상관관계가 보이기도 한다. 이것은 본체를 하나로 하는 집단이 시기나 상황에 따라서 활동의 장소를 바꾸고 있기 때문이었다. 왜구는 여러 가지 면에서 단순히 고려만의 문제가 아니라 동아시아 전체의 문젯거리였다.

6. 왜구는 왜 바다를 건넜을까?

요즘은 부산에서 쓰시마섬까지 혹은 후쿠오카까지의 정기 여객선이 매일 운행되고 있다. 쓰시마섬까지 빠르면 1시간 반, 후쿠오카도 3시간 정도면 도착할 수 있다. 잘 알려진 것처럼 쓰시마섬은 부산 등 경상남도의 해안을 육안으로 볼 수 있을 정도로 가깝다. 그래서 지금은 잘 느끼지 못할 수 있지만, 그렇다고 쓰시마섬에서 한반도 남부까지의 뱃길이 결코 평안한 것은 아니었다.

당시로서는 가깝다고 할 수 있었겠지만, 왜구가 활동하던 시절에는 쓰시마섬에서 출발해 한반도 연안에 이르려면 최소한 한나절 이상에서 이틀이 필요했다. 규슈 북서부의 바닷가에서 출발한다면 4~5일 정도가 필요한 여정이었다. 그리고 현해탄은 꽤 거친 바다이다. 쓰시마섬을 비롯해 규슈 북서부의 섬 지역이나 바닷가의 사람들이 제아무리 바다를 생활의 터전으로 삼아 살던 사람들이라고 하더라도 노략질을 위해 현해탄을 건너는 것은 상당한 위험을 감수해야 했다. 노략질을 하다가 잘못되면 다시는 돌아올 수 없는 길이기도 했다.

한반도와 중국 대륙에서 큰 문제가 되었던 왜구가 애시당초 왜 바다를 건너와 노략질을 했던 것일까? '노략질을 하는데 큰 이유가 있겠는가?'라고 생각하는 사람도 있을 것이다. 폭력에 기대어 자신들이 원하는 것을 얻고자 하는 사람들은 동서고금을 막론하고 언제나 있었다. 다만 그렇다고 하더라도 구체적인 동기가 있었을 것이다. 우발적이 아닌 지속적이며 오랜 기간 이루어졌던 왜구의 경우에는 특히 그렇다.

왜구가 그들 스스로 왜 그랬는지를 밝힌 경우는 거의 없기 때문에 그 구체적인 동기를 알기는 어렵다. 그들의 행동 패턴, 특히 노략질의 목표가 무엇이었는지를 통해 그들이 원하던 것이 무엇이었는지를 추정할 수 있을 뿐이다. 13세기 초, 고려에 처음 왜구가 나타났을 때는 그들이 무엇을 약탈해 갔는지가 『고려사』 등에 나타나지 않는다. 일본의 기록에는 은기와 같은 재화나 '진귀한 보물'이라는 표현이 있으므로 값나가는 물건이 목표였을 수 있다. 1263년(원종 4)에는 지방에서 수도로 공물을 운반하던 공선(貢船)이 약탈당하기도 했다.

그런데 1323년(충숙왕 10) 음력 6월, 왜구가 조운선을 약탈한 이후 특히 1350년 '경인 이후의 왜구'에 이르러서는 미곡과 조운선이 약탈당했다는 기록이 많아진다. 조운선도 결국 미곡을 운반하던 배였으므로 왜구들이 주로 노렸던 것은 미곡이 된다. 이런 모습은 공민왕 이후에도 마찬가지였는데 어떤 경우에는 벼의 수확기까지 기다렸다가 직접 추수를 해서 가지고 간 경우까지도 있었다. 명나라에서도 1372년(홍무 5), 관량(官糧)이 약탈당했다는 기록 등이 있다.

이를 통해 그들이 주로 원했던 것이 미곡, 즉 식량이었음을 알 수 있다. 왜구가 되었던 사람들은 주로 쓰시마섬을 비롯해 규슈 북서부의 섬들과 바닷가에 살던 사람들이었다. 이들 지역은 농사를 지을 수 있는 땅이 얼마 되지 않기 때문에 곡물류의 식량이 절대적으로 부족한 지역이다. 식량의 자급이 불가능했던 이들 지역의 사람들이 식량을 구하기 위해 바다를 건너 고려나 혹은 더 멀리 중국 대륙까지 가서 노략질을 했던 것이다.

다른 말로 한다면 그들은 그들의 생활, 때로는 생존을 위해 여러 위험을 무릅쓰고 왜구가 되었다고 할 수 있다. 왜구가 종종 '동아시아의 바이킹'이라고 불리는 것은 바이킹이 척박한 그들의 생활환경을 극복하고자 바다를 건너 외부로 나아갔다는 '동기'가 왜구와 유사하다는 까닭도 있다.

식량과 더불어 이 시기 왜구들이 주로 약탈했던 또 하나의 대상은 '사람'이었다. 고려에서도 그렇고, 특히 명나라 초기의 기록에서는 왜구가 사람들을 잡아갔다거나 왜구를 토벌해 잡혀 있던 사람들을 구출했다는 이야기가 많다. 일본의 권력자들은 고려나 명나라와 교섭하며 왜구에 의해 포로가 되었던 사람들을 성의의 표시로 돌려보내곤 했는데, 예를 들면 1377년(우왕 3), 왜구의 금지를 요구하러 하카타로 갔던 정몽주의 노력으로 일본에 잡혀 있던 수백 명의 사람들이 돌아오기도 했다.

'사람'의 약탈은 사실 지금도 세계의 어디에선가는 이루어지고 있을 정도로, '사람'은 오랫동안 도적이나 해적의 약탈 대상이 되어 왔다. 다만, 시대와 장소에 따라 목적은 조금씩 다른데, 당시 왜구들이 이들을 약탈한 주요한 이유는 '노동력'에 있었다고 생각된다. 노동력은 생산력을 높이는 데 필수 불가결의 요소이다.

즉, 왜구들은 식량과 노동력을 원했던 것이고 이것은 모두 그들의 생존이나 생활의 안정이라는 '삶'을 위한 것이었다고 할 수 있다. 시간이 지나 왜구 가운데 조선에 투항해 조선에서 생활하는 사람들이 나오는 것이나 왜구의 주 근거지였던 쓰시마섬 사람들이 조선 측에 자주 쌀을 요청하고 조선도 그들에 대한 회유 목적으로 많은 양의 쌀을 제공해 왜구 활동을 미연에 방지하려고 했던 것에서도 왜구 활동의 주요 동기를 유추할 수 있다.

그런데, 왜구가 식량과 사람만을 약탈해 갔던 것은 아니다. 앞에서 1365년, 왜구가 태조 왕건의 부친인 왕륭의 초상화를 훔쳐 갔다고 언급했는데, 1357년에는 충선왕과 한국공주(韓國公主)의 영정을 약탈해 갔다. 고려 왕의 초상화를 훔쳐 갔다는 기록에 대해 '왜구가 어떤 정치적인 목적을 가지고 있지는 않았나?'라고 생각할 수도 있겠지만, 그보다는 왕의 초상화가 매우 특별하고도 중요한 물건이었기 때문에 역사에 특별히 명기되었다고 보는 것이 타당할 것이다. 쓰시마섬을 비롯한 여러 지역에 왜구들에 의해 약탈되었던 것으로 보이는 고려의 많은 유물이 지금도 전해지는 것에서 알 수 있듯이 역사에 기록되지 않은 많은 귀중한 물건들이 왜구들에게 약탈되었던 것이다.

이런 귀중한 물건들은 삶을 위한 직접적인 요소는 아니었겠지만, 상품으로서의 가치가 있었을 것이다. 사람에 대한 약탈은 전기왜구뿐만 아니라 16세기의 후기왜구에서도 지속적으로 나타나는데, 사람도 일본 국내에서는 상품으로 거래되었다. 또한 왜구들이 부유한 집의 자녀들을 잡아간 뒤, 금품을 받고 풀어 주는 경우가 중국의 후기왜구에서 많이 보이는데, 『고려사』의 "효우"전에도 왜구에 잡혀간 부친을 구하기 위해 은덩이·은띠를 가지고 왜구에게 애걸해 부친과 무사히 돌아왔다는 일화가 있다.

이와 같이 왜구들이 약탈한 물건들을 통해 그들이 바다를 건넌 목적은 '삶의 영위'에 있었다고 설명할 수 있다. 그렇지만, 모든 의문이 해소되는 것은 아니다. 식량이 부족했던 쓰시마섬 등의 빈궁한 사람들이 바다를 건너 가까운 고려에서 노략질하고 바로 돌아갔다면 모를까, 멀고 먼 중국 대륙에까지 갈 필요가 있었던 것일까?

고려보다는 수적으로 적지만 그 시기 중국 대륙으로도 몇십 척, 때로는 2천 명이 넘는 왜구가 바다를 건너갔다. 바다를 건너 중국 대륙까지 간다는 것은 단순한 모험심만 가지고 될 일이 아니다. 최소한 그곳에 이르기까지의 비용이 필요하다. 노략질에 실패했을 때의 손실도 매우 크다. 그럼에도 불구하고 왜구들이 바다를 건넌 것은 단순한 '삶의 영위'를 위해서였을까? 아니면 다른 무엇인가가 있었던 것일까? 왜구의 극성기를 이룬 우왕 때의 모습에서 이런 의문은 더욱 증폭된다.

홍무 연간 왜구 사건 연표[2]

연월	지역	살해·포획한 인원 및 선박	관련 기록	전거
홍무 2년 1월	산둥	불명	남녀를 약탈해 감	『실록』 권38
	광둥(후이저우·차오저우 외)	불명	·	『주해도편』 권3
홍무 2년 2월	산둥	불명	·	『실록』 권39
홍무 2년 4월	장쑤(쑤저우·충밍)	92명	·	『실록』 권41
홍무 2년 5월	저장(원저우·중제산·융자·위환)	불명	·	『가정영파부지』 권22
홍무 2년 8월	장쑤(화이안)	57명	·	『실록』 권44
홍무 3년 6월	산둥·저장[원저우·타이저우·명주(닝보)]·푸젠	3백여 명·13척	·	『실록』 권53
홍무 4년 5월	광둥(하이옌·샤촨 등지)	2백 척	도적의 수령 종복(鍾福)·이 부인(李夫人)이 왜선(倭船)을 끼고 변경에서 도적질을 함	『주해도편』 권3
홍무 4년 6월	산둥(자오저우)	불명	·	『실록』 권66
홍무 5년 5월	저장(하이옌·간푸)	불명	·	『실록』 권73
홍무 5년 5월	저장(원저우·융자·러칭)	2백 척	·	『일본고략』
홍무 5년 6월	푸젠(푸저우 닝더현)	불명	·	『실록』 권74
홍무 5년 6월	푸젠(원저우 아래 호산)	130여 명·12척	·	『실록』 권74
홍무 5년 8월	푸젠(푸저우 푸닝현)	불명	주민 350여 명을 살해하고, 주택 천여 채를 불태우고, 관량(官糧) 250석을 훔쳐 감	『실록』 권75

연월	지역	살해·포획한 인원 및 선박	관련 기록	전거
홍무 6년 7월	산둥(지모의 여러 성·라이양 등 현)·저장(해빈 주현)	불명	·	『실록』 권83·『주해도편』 권53
홍무 6년 7월	저장(타이저우)	74명·2척	추적해 포로가 되었던 남녀 4명을 탈환	『실록』 권83
홍무 7년 7월	산둥(자오저우)	불명	·	『실록』 권91
홍무 7년 7월	장쑤(하이저우)	24명	·	『실록』 권91
홍무 7년 7월	상세 지역 불명	불명	·	『실록』 권91
홍무 8년 12월	광둥(조주위)	불명	왜를 붙잡아 참수함	『국권』 권6
홍무 13년 7월	광둥(둥관 등 현)	불명	·	『실록』 권132
홍무 13년 8월	광둥(하이펑현)	불명	·	『실록』 권133
홍무 16년 6월	저장(금향위)	18척	관군(官軍) 22명을 살해	『일본고략』
홍무 17년 10월	장수(진해위·광양위)	불명	·	『실록』 권166
홍무 17년 10월	저장(타이저우)	불명	상륙하여 순검(巡檢)을 살해	『실록』 권167
홍무 20년 7월	저장(타이저우)	불명	·	『실록』 권183
홍무 22년 12월	산둥(성산양 애자구 영해위)	7명·12척	·	『실록』 권198
홍무 23년 1월	저장	불명	군사·남녀 70여 명을 살해하고 포로로 하였으며, 그 재물을 약탈함	『실록』 권199
홍무 24년 8월	저장(타이저우·황옌현)	불명	해도(海盜) 장아마(張阿馬)가 왜이(倭夷)를 끌어들여 도적질함	『실록』 권211
홍무 24년 9월	광둥(레이저우)	불명	·	『실록』 권212

연월	지역	살해·포획한 인원 및 선박	관련 기록	전거
홍무 26년 4월	광둥(차오저우 난아오)	불명	·	『실록』 권227
홍무 27년 2월	지역 불명(소첨정)	9척	·	『일본고략』
홍무 27년 10월	랴오둥(진저우)	불명	마침내 신시(新市)에 들어와, 둔영(屯營) 병량을 불사르고, 군사를 죽이고 약탈함	『실록』 권235
홍무 29년 7월	광둥(후이저우·차오저우)	불명	·	『실록』 권246
홍무 31년 2월	산둥(영해주)	30명	·	『실록』 권256
홍무 31년 2월	저장(해오채·추먼)	2천여 명·30척	적의 수가 2천여 명에 가까웠다	『실록』 권256

2 『실록』은 『명 태조실록(明太祖實錄)』을 말한다.

2장

고려에 드리우는 그림자

왜구가 들어왔던 지역을 표시한 지도를 보면 한반도 전역이 왜구에 의해 피해를 보았다고 하더라도 과언이 아닐 정도였다. 바닷가의 여러 현이 폐지되거나 내륙 지역으로 옮겨졌고 주요 지역이 왜구에 의해 함락되어 노략질을 당했다. 왜구의 잔학함도 눈에 띄게 늘어났다. 민가를 불사르고 사람들을 도륙했는데, 특히 부녀자가 살해당하는 경우도 많았다.

1. 등경광의 복수

1374년 음력 9월, 왜구의 접근으로 도성에 다시 계엄이 내려진 상황에서 공민왕이 시해당했다. 혼란 속에서 열 살의 우왕이 왕위에 올랐다. 왜구의 노략질은 계속되었다. 그해 음력 12월에는 밀성(密城)에 침입하여 관청을 불태우고 사람과 물건을 노략질했으며 그다음 해 음력 3월에는 양광도 도순문사가 왜구에게 패전했다.

그러던 중 의외의 일이 일어났다. 1375년(우왕 1) 음력 5월, 왜적 등경광(藤經光)이 무리를 이끌고 고려로 와서 투항한 것이다. 고려 조정에서는 그를 순천(順天)·연기(燕岐) 등지에 거처시키고 관청에서 재물과 양식을 지급하는 조치를 취했다. 그런데 음력 7월, 고려 조정은 당초의 방침을 바꾸어 전라도 원수 김선치(金先致)에게 등경광의 살해를 지시했다. 김선치는 술과 음식을 크게 차려 놓고 음식을 먹이면서 그를 죽이려고 하였는데, 계획이 늦춰지다가 누설되어 등경광은 그 무리를 거느리고 배를 타고 도망가 버렸다. 김선치는 그 무리 중 겨우 3명만 잡아서 죽였는데, 작전이 실패했기 때문에 처벌받을 것을 두려워해 조정에는 70여 명의 목을 베었다고 거짓으로 보고했다가 사실이 밝혀져 일반 병졸로 강등되는 처벌을 받았다.

그런데, 이 사건 뒤 『고려사』 등에 의하면 "처음에 왜구가 주군(州郡)을 노략질할 적에는 사람과 동물들은 죽이지 않았는데, 이로부터 격노하여 매번 들어와서 노략질을 할 때마다 부녀자들과 어린아이들까지 남김없이 도살하였으니, 전라도와 양광도의 바닷가에 있는 주군이 소연해지고 텅 비게 되었다"라고 한다.

등경광은 그 후 기록에 나타나지 않고 일본 측의 기록에서도 이에 해당하는 인물을 특정할 수는 없다. 이름에 '등(藤)' 자가 있기 때문에 이 사람의 본래 성이 후지와라[藤原]였을 수도 있다고 여겨지기도 한다. 후지와라는 일본 귀족의 대표적인 성인데 그 분파가 매우 많고 일부 사람들은 자신들의 권위를 높이기 위해 멋대로 후지와라라는 성을 사용하기도 했다. 이 때문에 그가 후지와라라는 성을 사용했다고 하더라도 일본에서 어떤 위치에 있던 사람인지는 알기 어렵다. 그래도 70여 명을 베었다고 거짓으로 보고한 것이나 여러 지역에 무리들이 분산 배치되었던 점에서 생각해 보면 등경광은 수백 명의 무리를 거느린 왜구 집단의 수령이었을 것이다.

『고려사』 '김선치'전에서는 등경광이 그 무리를 이끌고 와서 침략할 것이라고 공갈하며 식량을 요구했다고 되어 있다. 식량을 요구한 등경광도 다른 왜구들과 크게 다르지 않았다. 무력을 통해 식량을 약탈하는 대신 고려에 요구한 것이 다를 뿐이었다. 조선시대가 되면 식량과 거주할 곳을 요청하며 투항하는 왜구들이 나타나는데 등경광도 그런 유형의 앞선 예라고 할 수 있다. '공갈'했다는 내용이 『고려사절요』에는 나오지 않으므로 '공갈'했다는 것은 후에 방침을 바꾸어 등경광을 살해하고자 한 고려의 행동을 정당화하려 했던 것일 수도 있다.

등경광과는 상황이 다르기는 하지만 고려에 투항했다가 다시 왜구가 된 예가 이전에도 있었다. 1369년(공민왕 18)에 왜구가 영주 등 여러 곳의 조운선을 약탈했다. 그런데 이들은 거제도에 살면서 영원히 화친을 맺기를 원한다고 하여 고려 조정에서 이를 믿고 허락했던 사람들이었다. 조선시대에 조선에 투항한 왜구들처럼 왜구의 목적이 '삶'이었다면 이들도 처음에는 고려에서의 안정적인 삶을 꿈꾸어 고려로 건너왔던 것일 수도 있다.

『고려사』·『고려사절요』는 모두 등경광 사건 이후 왜구가 이에 분노해 극히 잔악한 행동을 하게 되었다고 말하고 있다. 그렇지만, 1352년, 공민왕이 즉위하며 반포한 유지에서는 "왜구가 변방을 노략질하여 인명을 도륙하고 민가에 불을 지르며 조운선을 약탈하고 있다"라고 말하고 있는데, 이처럼 왜구가 민가를 불사르고 백성을 살해했다는 기록은 등경광 사건 이전에도 있었다. 명나라 쪽의 기록에서도 백성을 살해했다는 내용은 이전 시기에도 나온다. 따라서 등경광 사건 이후에 비로소 왜구가 백성들을 살육했다는 말은 사실과 차이가 있다.

다만, 우왕 때 왜구가 극성을 부리게 되었고 그만큼 민간에서의 피해가 커진 것은 사실이다. 또한 실제로 우왕 이후에는 확실히 백성을 죽이고 민가를 불태웠다는 기록이 늘어난다. 그리고 무엇보다 왜구의 잔인한 행위가 구체적으로 나타나는 것도 이때부터다.

2. 더 격렬하고 더 잔인해진 왜구

우왕이 왕위에 올랐을 무렵, 원나라의 세력은 명나라에 밀려나 북쪽의 몽골고원으로 옮겨 가 있었다. 이를 북원(北元)이라고 하는데, 북원은 여전히 고려에 큰 위협이 되었다. 공민왕이 죽은 뒤 북원은 고려에의 영향력을 미치기 위해 심왕(瀋王) 독타불화(篤朶不花, 脫脫不化)를 고려 왕으로 봉했다. 심왕은 심주(瀋州)·요양(遼陽)에 거주하던 고려 사람들을 통치하기 위해 원나라에서 고려의 왕족에게 수여했던 봉호(封號)이다. 원나라에서는 공민왕 때에도 공민왕이 반원(反元) 정책을 펴자 공민왕을 폐하고 독타불화를 고려의 왕으로 세우려고 했던 적이 있었다. 북원의 이러한 움직임은 고려에 다시 위협이 되었고 고려의 조정은 각 도의 군사를 징발해 북원의 침공에 대비했다.

이러는 사이 왜구는 더욱 기승을 부렸다. 한 통계에 의하면 우왕 때 왜구가 침입한 것은 모두 278회에 이른다. 특히 1377년(우왕 3)과 1378년(우왕 4)은 횟수로만 따지면 가장 극성을 이룬다. 다만, 이 숫자는 왜구가 침범한 지역이 개별적으로 세어지는 경우가 많기 때문에 표면적으로 그대로 받아들여서는 안 된다. 왜구들은 이곳저곳 옮겨 다니면서 노략질을 벌였는데 그런 동선을 따져서 생각하면 왜구의 집단 수가 급격하게 늘어났던 것은 아니다.

그렇지만 왜구의 피해가 커지고 피해 지역도 확대된 것은 분명하다. 왜구가 들어왔던 지역을 표시한 지도를 보면 한반도 전역이 왜구에 의해 피해를 보았다고 하더라도 과언이 아닐 정도였다. 바닷가의 여러 현이 왜구의 침입으로 사람들이 흩어져 폐지되거나 내륙 지역으로 옮겨졌고 주요 지역이 왜구에 의해 함락되어 노략질을 당했다.

조운선이 왜구에게 계속해 약탈당하고 뱃길이 막히자 고려 조정은 1376년, 조운을 중단하기도 했다. 강화도 등 개경 근방에서 왜구의 약탈이 이어지자 위협을 느낀 우왕은 1377년, 바닷가에서 멀리 떨어진 철원으로 수도를 옮기려고 했고 이인임(李仁任)은 더 깊숙한 곳인 충주로 옮기자고 제안하기도 했다.

보주(甫州, 현재의 예천)에 소장된 사적(史籍)들은 실제로 충주 개천사(開天寺)로 옮겨졌다.

수도를 옮기려던 계획은 최영(崔瑩)의 반대로 무산되었는데, 단지 수도를 내륙으로 옮긴다고 해결될 문제는 아니었을 것 같다. 왜구는 내륙 깊숙이까지도 쳐들어왔기 때문이다. 지리산은 몇 차례나 왜구들이 숨어들었고 전라도의 전주·광주(光州)나 경상도의 영주·대구와 같이 내륙에 있던 주요 도시들, 심지어 1378년에는 충청도의 청주도 노략질을 당했다. 1383년(우왕 9) 10월, 동해안에 상륙한 왜구들은 바닷가가 아니라, 내륙으로 진로를 잡아 양구 → 춘천 → 가평 → 청평산으로 옮겨 다녔다.

지금은 터널이 뚫려 통행이 원활해졌지만, 태백산맥은 지금도 여전히 넘기가 수월치 않다. 왜구는 이 태백산맥을 넘고 내륙을 관통해서 경기도 일원으로까지 들어왔다. 왜구로부터 안전한 내륙 지역 따위는 없다고 해도 과언이 아니었던 것이다. 최영은 철원으로 천도하자는 주장에 대해서 "지금 천도하면 특히 농사를 방해하고 백성을 소란스럽게 할 뿐만 아니라 또한 해구들에게 넘보는 마음을 열게 하여 나라가 장차 날로 궁지에 빠질 것이니 계책이 아닙니다"라고 말했는데, 그의 말처럼 단지 도망만 치는 소극적인 방법은 해결책이 될 수 없었다.

이처럼 피해가 확대되었던 한편, 등경광 사건에서 말하고 있는 것처럼 왜구의 잔학함도 눈에 띄게 늘어났다. 민가를 불사르고 사람들을 도륙했는데, 특히 부녀자가 살해당하는 경우도 많았다. 『고려사』 "열녀"전에는 모두 12명의 여성이 올라 있는데, 그 가운데 절반이 넘는 7명이 왜구로부터 수난을 당했던 경우고 더군다나 모두 우왕 때의 일이었다. 왜구들은 강제로 여성들을 욕보이려 했고 여성들은 그것을 피해 도망치거나 끝까지 저항하다가 대부분 목숨을 잃었다. 단순히 죽임을 당한 것이 아니라 잔혹하게, 그리고 그녀들의 아이까지도 희생이 되는 경우가 많았다.

'소야강(所耶江)의 비극'으로 잘 알려진 배 씨의 경우가 있지만, 그보다도 더 잔혹하고도 비극적인 이야기는 진주의 최 씨와 광주 문 씨의 경우가 아닌가 싶다. 당시 고려 사람들의 상황을 이해하기 위해, 잔혹함이 많지만 두 사람의 사연을 알 필요가 있다.

> 최 씨는 진주호장(晋州戶長) 정만(鄭萬)의 아내로 네 명의 자녀를 낳았는데 막내는 아직 강보에 싸인 갓난아기였다. 1378년(우왕 5)에 왜구가 진주를 노략질했는데, 남편은 개경에 가고 없었다. 왜구가 마을에 쳐들어오자 최

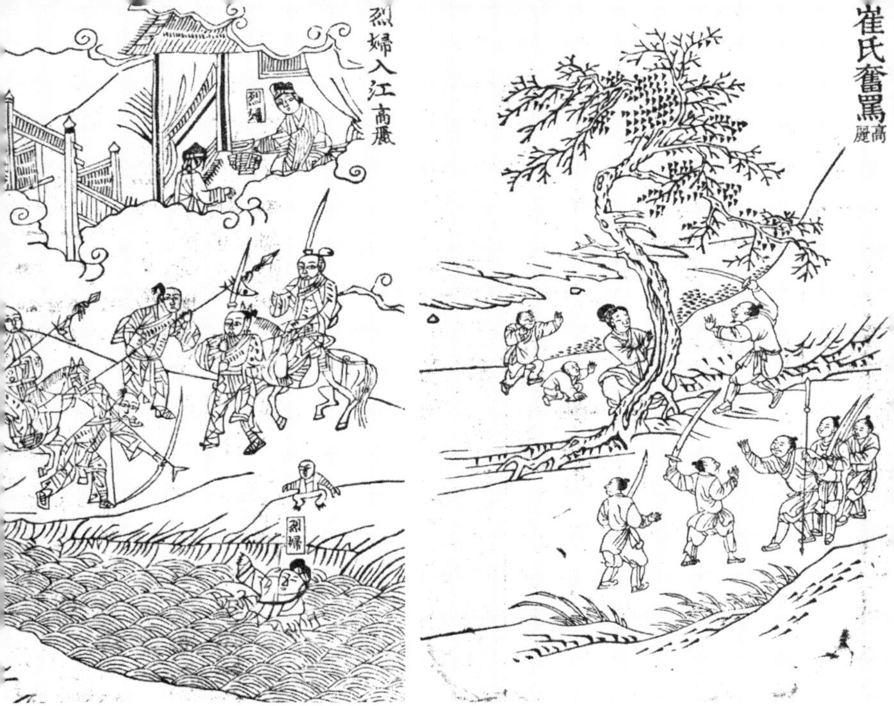

좌: 『삼강행실도』「열녀전」 "열부입강(고려)", 우: 『오륜행실도』「열녀」 "최씨분매(고려)"

씨는 자식들을 데리고 도망쳐 산속으로 숨었다가 자식들과 함께 왜구들에게 붙잡혔다. 최 씨는 나이가 30세 남짓이었는데 용모가 아름다워 왜구들이 욕보이려고 칼을 빼 위협하였다. 최 씨는 이에 저항하여 나무를 부둥켜안고 "죽기는 마찬가지다. 욕을 당하고 사느니 차라리 의롭게 죽을 것이다"라고 말하며 도리어 왜구들을 계속 꾸짖었다. 왜구들은 결국 최 씨를 죽이고 나이가 많은 두 아들을 잡아갔다. 남겨진 6살의 아들은 어머니의 시신 곁에서 울부짖었고, 젖먹이는 어머니가 죽은 줄도 모르고 기어가 젖을 빨았는데 어머니의 피가 흘러 입에 들어가서 곧 죽고 말았다.

—『고려사』 권121, 「열전」 권제34,
"열녀", '정만의 처 최 씨'

문 씨는 광주 사람으로 판전교시사(判典校寺事) 강호문(康好文)의 아내이다. 1388년(우왕 14), 왜구가 광주로 쳐들어왔는데 광주의 군사들은 갑작스레 당한 일이라 막아 내지 못하였다. 문 씨에게는 두 아이가 있었는데 큰아이를 데리고 젖먹이 아기는 업고서는 도망치려 했는데 갑자기 나타난 왜구들에게 잡혀 버리고 말았다. 문 씨는 끌려가지 않으려고 스스로 목숨을 끊으려 했는데, 왜구들이 그것을 막고 목에 밧줄을 묶어 앞장서게 했다. 그리고 젖먹이는 버리고 가라고 윽박질렀다. 문 씨는 어쩔 도리가 없어서 젖먹이를 싸서 나무 그늘에 놓아두고 큰아이에게 "너도 여기에 있으면 누군가 데리고 가 보호해 줄 사람이 있을 게다"라고 말해 아이들이라도 난을 피하기를 바랐다. 그렇지만 큰아이는 어머니의 마음을 이해하지 못하고 억지로 따라갔다. 일행이 몽불산(夢佛山)의 극락암(極樂菴) 근처에 이르렀을 때 높이가 족히 천여 척이 넘는 낭떠러지가 나타났고 그 위에 작은 오솔길이 나 있었다. 문 씨는 같이 잡혀온 이웃 여인에게 "도적에게 몸을 더럽히고 사느니 차라리 깨끗한 몸으로 죽겠다"라고 말하고서는 낭떠러지에 몸을 던졌다. 왜구들은 이를 미처 막지 못하자 온갖 욕설을 퍼부은 후 아이를 죽이고 가 버렸다.

—『고려사』 권121, 「열전」 권제34,
"열녀", '강호문의 처 문 씨'

더군다나 왜구들은 주민들을 죽이고서는, 그대로 방치한 채 가 버렸다. 참혹한 광경이 여기저기서 펼쳐졌을 것이다. 1377년(우왕 3) 음력 6월, 왜구가 강화도를 분탕질하고 가 버린 후 우왕은 재상들에게 이렇게 말했다. "왜가 비록 도적이지만, 그 시체는 또한 마땅히 묻어 주어야 한다. 하물며 강화·서해(西海)의 우리 백성 중에서 적에게 죽임을 당해 버려진 시신이 매우 많으니 어찌 차마 볼 수 있겠는가? 내탕(內帑)의 재물을 내어 매장하는 비용으로 쓰라." 위생적인 면도 고려되었겠지만,

원수 같은 왜구라도 고려 조정에서는 비용을 들이면서까지 매장이라도 해 주었다. 그러나 왜구들의 잔혹한 행동은 계속되었다.

3. 고려의 반격

고려의 역대 왕 중에 신하들에 의해 자리에서 쫓겨나서 공개적으로 처형된 것은 우왕과 그 아들 창왕뿐이다. 쿠데타 세력에 의해 이들이 쫓겨난 뒤, 이 두 왕은 왕씨가 아닌 가짜 성(假姓)·거짓 왕조(僞朝)였다고 비난받았고 결국 이런 명목하에 처형당했다. 창왕은 겨우 만 9살이었다. 우왕은 출생부터 왕위에 오르는 과정, 요동 정벌의 추진과 폐위, 그리고 죽음에 이르기까지 조선의 역사가들로부터 부정적으로 기록되었지만, 그것은 이성계의 쿠데타를 정당화하려는 의도에서였다고 생각되고 있다.

부정적인 평가를 받았던 우왕이지만, 사실 우왕 때는 여러 가지 개혁 정책이 의욕적으로 실시되었던 시기였다. 특히 왜구의 방비와 관련한 여러 혁신적인 정책이 눈에 띈다. 1377년(우왕 3), 그동안 비교적 편안한 삶을 누렸을 양가(良家)의 자제 중 활쏘기와 말타기를 잘하는 사람과 군현의 향리 중 힘센 사람들을 모아 왜구를 방어하게 했다.

또한 여러 관청의 관리 중 휴가를 받아 고향으로 돌아가 오랫동안 돌아오지 않는 자들을 조사해 그 직책을 박탈하고 그들의 토지를 빼앗아 전공이 있는 사람들에게 지급했다. 방어 시설도 강화해 주요 지역에 산성을 쌓게 하고 군 지휘관도 개편했다. 승려를 군사로 징발해 요해지를 수비하고 전선을 건조시키는 일에 동원하기도 했다. 최무선(崔茂宣)의 건의로 화통도감을 설치해 화약과 화포를 개발하게 된 것도 이 시기이다.

왜구 금지를 요청하기 위한 외교적 노력도 즉위 초부터 계속 진행했다. 1375년(우왕 1), 고려 조정은 나흥유(羅興儒)를 통신사(通信使)로 일본에 파견했다. 나흥유는 일본의 하카타에 도착했는데, 처음에는 첩자로 의심당하여 그곳의 주장(主將)에게 구금당하고 말았다. 당시 하카타는 북조 측의 이마가와 사다요[今川貞世]가 남조의 세력을 몰아내고 점령 중이었다. 이마가와 사다요는 법명(法名)인 료순[了俊]으로 불리는 경우가 많으며, 고려의 사료에도 보통은 이마가와 료순으로 기록되었다. 그런데,

나흥유가 하카타에 도착했던 1375년은 규슈의 북조 세력 내에서 분열이 일어나 정세가 복잡했던 시기였다. 나흥유는 그다음 해 음력 10월, 일본에서 답방의 사절로 파견된 고려 출신의 승려 양유(良柔)와 함께 귀국했다. 이때 고려로 보내온 서간에서는 이렇게 말하고 있다.

> "생각하건대 우리나라 서해도(西海道)의 한 지역인 규슈는 난신(亂臣)들이 할거하면서 공물과 세금을 바치지 않은 지가 또한 20여 년이 되었습니다. 서쪽 바닷가 지역의 완악한 백성들이 틈을 엿보아 노략질한 것이지, 저희들이 한 일이 아닙니다. 이 때문에 우리 조정에서도 장수를 보내 토벌하고자 그 지역 깊숙이 들어가 서로 대치하며 날마다 전투를 벌이고 있습니다. 바라건대 규슈를 수복하게 된다면 천지신명에 맹세코 해적질을 금지시키겠습니다."
>
> —『고려사』 권133, 「열전」 권제46,
> 우왕 2년 10월 미상 1번째 기사

왜구의 노략질은 자신들의 관할 지역에서 벗어나 있고 따라서 당장은 어떤 조처를 취하기 어렵다는 취지의 내용이었다. 이것은 당시 이마가와 료슌이 처해 있던 상황을 반영한 회답이기도 했다. 왜구의 소굴이었던 쓰시마섬과 같은 도서 지역에는 이마가와 료슌의 통치력이 미치지 않았을 뿐만 아니라 특히 쓰시마섬을 지배하던 쇼니씨와의 반목으로 쇼니씨가 남조 측으로 돌아서 버린 상태였다.

고려에서는 불확실한 회답에 대해 재차 1377년(우왕 3)에 해적 단속을 요구하는 사신을 파견했다. 그러나 일본에서 답례사로 온 승려 신홍(信弘)이 가져온 대답은 이전과 같았다. "그 도적 떼들은 우리에게서 도망쳐 간 무리들로 우리 명령을 따르지 않기 때문에 금하기가 쉽지 않습니다." 이에 고려에서는 다시 정몽주를 일본에 파견했다. 이마가와 료슌은 그해 음력 1월, 남조 측과의 전투에서 남조의 유력 무장을 다수 전사시키는 큰 승리를 거두었다. 규슈 전체를 통제하에 넣지는 못했지만 하카타를 중심으로 한 북규슈에서 자신의 세력을 공고히 할 어느 정도의 기반이 마련되었던 상태였다.

료슌은 세력 기반의 강화를 위해 고려와의 통교 관계에도 적극적으로 임했다. 정몽주가 귀국할 때 료슌은 왜구에게 잡혀 왔던 많은 고려인을 찾아내 고려로 돌려보냈는데, 이후에도 종종 고려에 사신을 파견해 오고 포로를 돌려보냈다. 특이했던 일 중 하나는 승려 신홍에게 휘하의 군사 69명을 이끌고 고려로 가서 왜구를 막게 한 점이다. 신홍 등은 실제로 왜구를 물리치는 공도 세웠는데, 5개월 정도 후에 일본으로 돌아갔다. 몇천 명의 왜구가 활동하던 때에 보내온 69명이 실제 왜구를 물리치는 데 큰 도움이 될 리는 없었다. 왜구를 금지하라는 고려의 요구에 대해 이마가와 료슌은 고려에 보여 줄 만한 당장의 성과를 낼 수가 없었고 규슈 안에서는 왜구의 단속을 위해 그다지 할 수 있는 일도 없었다. 그래서 료슌은 이런 일종의 정치적인 쇼를 통해 고려에 성의를 보였던 것이다.

우왕 때에는 왜구 금지를 요구하는 사절이 모두 5번 일본으로 향해 일본의 바쿠후나 지역의 유력자들과 교섭을 가졌다. 잡혀갔던 고려인들이 송환되어 오는 성과를 거두기도 했지만, 결과적으로 외교적 교섭을 통해 왜구를 진정시킬 수는 없었다. 왜구를 이루던 사람들은 대부분 고려가 교섭했던 세력들의 통제 밖에 있던 사람들이었기 때문이다.

규모가 커진 데다가 빈번하게 침입하던 왜구의 피해를 줄일 수 있는 가장 좋은 방법은 군사적 승리였다. 그 이전에도 고려군이 왜구의 침입을 물리치고 승리를 거둔 경우가 있기는 했다. 그런데, 우왕 때는 왜구가 극성을 부렸던 반면, 왜구에 대해서도 여러 차례 큰 승리를 거두었다. 왜구 토벌전의 3대, 혹은 4대 대첩이라고 불리는 1376년(우왕 2), 최영의 홍산(鴻山)

대첩, 1380년(우왕 6), 왜선 5백여 척을 나세(羅世)·최무선 등이 화포를 사용해 물리친 진포(鎭浦) 대첩 및 그때 상륙한 왜구들을 이성계가 격파한 황산(荒山) 대첩, 그리고 1383년(우왕 9), 정지(鄭地)의 남해(南海) 대첩이 그 대표적인 예이다.

우왕 때 왜구 격파의 선봉에 선 사람은 노장인 최영이었다. 최영은 일찍이 왜구를 토벌하는 데 공을 세워 두각을 나타내었고 공민왕 때는 여러 군공으로 대장군에 올랐다. 왜구가 더욱 기승을 부리자 1358년(공민왕 7)에는 양광·전라도 왜적체복사(倭賊體覆使)로 임명되어 왜구 방비의 최선봉에 섰고, 그해 왜구가 배 4백여 척으로 오차포(吾叉浦)를 침략하자 복병을 이용해 이를 격파했다.

1365년(공민왕 14), 왜구가 강화도 지역을 노략질하며 개경을 위협하자 동·서강 도지휘사(東西江都指揮使)로 임명되어 방비에 나섰는데, 왜적이 창릉에 쳐들어가 세조의 영정을 훔쳐가는 일이 터졌다. 최영을 미워하던 신돈은 이를 빌미 삼아 최영을 좌천시킨 후 파면했고 죽이려고까지 했다. 다행히 목숨은 어떻게 건질 수 있었지만, 최영은 유배를 떠나는 몸이 되었다. 6년 뒤인 1371년(공민왕 20), 신돈이 처형된 후 최영은 다시 등용되어 전함을 건조하는 등 군비 강화에 힘썼다.

1374년, 공민왕이 갑자기 살해당하고 우왕이 왕위에 올랐을 때 이미 최영의 나이는 60에 가까워져 있었다. 제주도의 원나라 잔존 세력이 일으킨 목호(牧胡)의 난을 진압하고 돌아온 최영은 곧 조정의 고위직인 판삼사사(判三司事)에 임명되었다. 그러나 여러 전장을 누비며 빛나는 전공을 세웠던 노장군은 중앙의 정계에서 편안하게 안주하고자 하지 않았다. 왜구 토벌의 전과는 오히려 60이 넘은 나이에 더욱더 크게 빛났다.

1376년(우왕 2) 음력 7월, 왜구가 부여를 노략질하고 공주를 함락시켰다. 연이어 논산의 개태사(開泰寺)로 몰려갔는데, 이를 맞아 싸우던 원수 박인계(朴仁桂)가 전사했다. 이 소식이 전해지자 최영은 스스로 출진할 것을 우왕에게 요청했다. 우왕은 연로한 최영을 만류했으나 최영은 재삼 간청했고 우왕이 허락하자 지체 없이 왜구 토벌에 나섰다.

그때 왜구들은 노약자를 배에 태우고 돌아갈 것처럼 꾸미며, 몰래 용맹하고 날랜 군사 수백 명을 보내 내륙 깊숙이까지 들어가 노략질을 했는데, 그들이 지나가는 곳은 감히 당할 자가 없었다. 그러다가 현재의 부여 지역인 홍산에 이르러 사람들을 마구 죽이고 사로잡았는데, 그 기세가 매우 대단했다. 최영이 군대를 이끌고 홍산에 이르렀을 때 왜구는 3면이 모두 절벽이고 오직 1개의 길로만 통하는 험하고 좁은 곳에 웅거하며 고려군에 맞섰다.

고려의 여러 장수가 겁을 먹고 앞으로 나가지 않자 최영은 몸소 병사들의 앞에 서서 용맹하게 돌진했다. 최영의 돌진에 적들은 바람에 초목이 쓰러지는 것처럼 무너졌다. 그때, 왜적 한 명이 숲속에 숨어 있다가 활을 쏴, 최영의 입술에 화살이 맞아 피가 낭자하게 흘렀다. 최영은 태연자약하게 활을 쏴 그 적을 쓰러뜨리고 맞은 화살을 뽑아냈다. 그리고 더욱 힘을 내 적을 크게 격파하여 거의 다 죽이거나 사로잡았다. 이것이 3대 왜구 토벌전 중 하나로 꼽히는 홍산 대첩이다.

홍산 대첩 이후 왜구들은 "두려워할 사람은 오로지 백발(白首)의 최 만호(崔萬戶)뿐이다. 홍산의 싸움에서 최 만호가 당도하자 곧 사졸들이 앞다투어 말을 달리고 차고 짓밟으니 매우 두렵다"라고 말하게 되었다고 한다. 최영의 나이는 더 이상 문제가 아니었다. 우왕은 노환으로 최영이 사직을 요청해도 들어주지 않았다. 1378년(우왕 4), 왜구가 개경과 가까운 승천부(昇天府)에 들어와 개경을 위협했는데, 최영은 이성계 등과 이를 크게 무찔렀다.

최영의 활약에도 불구하고 왜구의 기세는 좀처럼 꺾이지 않았고 고려군이 패전하는 경우도 여전히 많았다. 이런 상황에서 최영은 왜구와 맞서는 최전선에 계속 있고자 했다. 홍산 대첩 후 우왕은 최영을 시중(侍中)과 맞먹는 벼슬에 임명하려고 했다. 그러자 최영은 이를 사양하면서 이렇게 말했다. "시중이 되면 가벼이 지방으로 나갈 수 없으니, 왜구가 평정된 이후에 받겠습니다." 그의 말처럼 왜구의 평정을 위해 최영은 최선을 다했다.

『고려사』에는 이런 일화가 전해진다. 1380년(우왕 6), 최영은 여러 장수와 출정해 동·서강에 주둔하며 왜구를 방비하고 있었는데, 그만 병에 걸리고 말았다. 이에 여러 장수가 "공께서 병이 심하십니다"라고 말하며 걱정했는데, 최영은 "장군이 군사를 거느리고 밖에 나왔으니 어찌 병을 걱정하겠는가?"라고 대답했다. 그리고 의원이 약을 올리자 그것을 물리치며 "내가 이미 늙었고 죽고 사는 것은 운명에 달렸는데, 무엇하러 약을 먹어 살고자 하겠는가?"라고 말했다고 한다.

전장에서 물러난 뒤에도 최영은 왜구 방비를 위한 여러 노력을 게을리하지 않았다. 후에 우왕은 최영에게 내린 교지에서 "지금 장수들 가운데 전투를 많이 하고 공로가 큰 사람을 살펴보니 오직 경 한 사람뿐이다. 또한 충성을 다하고 의로움을 떨쳐서 임금을 높이고 백성들을 보호하였으니 재상 중에 진정한 재상이다"라며 그의 공로를 상찬했다. 이성계의 정적이었던 최영을 부정적으로 묘사할 수밖에 없었던 『고려사』의 편찬자들도 최영의 이런 면은 완전히 부정할 수 없었다.

『고려사』 '최영'전의 말미에는 그를 평가하며, "최영은 강직한 데다가 충성스럽고 청렴하였으며 전장에서 적과 대치하면 정신과 기백이 평안하여 화살과 돌이 사방에서 날아와도 조금도 두려워하는 기색이 없었다. 군사를 맡아서는 준엄하였고 반드시 승리할 것을 약속하였으며 군사들이 한 걸음이라도 물러나면 곧 처형하였으므로 크고 작은 모든 전투에서 공로를 세웠고 일찍이 한 번도 패하지 않았다"라고 쓰고 있다. 최영은 비록 왜구의 평정이라는 그의 소망을 생전에 이루지 못했지만, 극성을 부린 왜구의 기세를 꺾고 점차 왜구가 누그러지는 과정에서 큰 업적을 남겼다고 할 수 있다.

4. 슈퍼히어로 '신궁 이성계'

고려 말 왜구 토벌에서 최영의 업적은 분명한 것이었지만 그보다 더 뛰어난 영웅이 있었다. 바로 조선 왕조를 세운 태조 이성계이다. 이성계의 이름이 역사에 등장하는 것은 1361년(공민왕 10)부터이다. 이성계의 부친인 이자춘(李子春)은 함흥을 중심으로 한 동북면(東北面) 지역의 실력자로 일종의 군벌을 이루고 있었는데, 이성계는 이런 환경 속에서 그의 군사적 재능을 키워 갔다. 그는 주로 동북 지역의 방어와 안정에 크게 기여하고 있었는데, 1371년(공민왕 20), 왜구가 개경을 위협하자 고려 조정에서는 군사적 성공을 거두고 있던 이성계를 불러들여 서강의 도지휘사로 임명하고 왜구를 방비하게 했다.

왜구 토벌에서 이성계의 영웅적 행적이 본격적으로 나타난 것은 우왕 때부터였다. 이성계는 1377년(우왕 3) 음력 5월, 지리산에서 왜구를 크게 무찌르고, 음력 8월에도 황해도 일원에서 왜구를 섬멸했다. 특히, 황해도 해주의 전투에서 다른 장수들은 모두 패배해 도망치는 와중에도 왜구를 격파한 이성계의 영웅적 활약상이 『고려사』에 자세히 기록되어 있다.

왜구와 격전이 펼쳐지던 중 고려군은 한 길이 넘는 진창을 만나게 되었는데, 태조의 말은 단번에 뛰어넘었지만, 따르던 자들은 모두 건너지 못했다. 그런 상황에서 이성계가 대우전(大羽箭)으로 왜구에게 17발을 쏘아 왜구를 모두 거꾸러뜨렸다. 이에 병사들이 승세를 타 마침내 왜구를 대파했다. 이 전투에서 태조는 처음에 대우전 20발을 가지고 있었는데 전투가 끝날 즈음에는 3개의 화살이 남았다. 주위 사람들에게 말하기를, "내가 모든 화살을 적의 왼쪽 눈언저리에 쏘았으니, 너희들이 가서 보아라"고 했는데, 가서 확인하니 그 말대로였다.

'신궁(神弓)'이라고 표현되는, 마치 슈퍼히어로의 초능력과 같은 이성계의 활 솜씨는 여러 일화나 역사적 사건에 종종 등장하는데, 영웅 이성계의 초인적인 활약상은 1380년(우왕 6)의 황산 대첩에서 그 절정을 이룬다. 이해 음력 8월, 왜선 5백척이 충청도의 진포에 나타났다. 왜구는 진포 입구에 들어와

굵은 동아줄로 배를 서로 묶어 놓고 군사를 나누어 지키는 한편, 나머지는 해안으로 올라와 여러 지역으로 흩어져 들어갔다. 왜구들은 노략질을 자행하여 산과 들에 시체가 뒤덮였고 그들의 배로 약탈한 곡식을 실어 날랐는데, 도중에 쌀을 흘린 것의 높이가 1자나 되었다고 한다.

그 무렵 나세 등이 이끄는 100척의 함대가 왜구를 쫓다가 진포에 이르렀다. 고려의 함대는 최무선이 만든 화포를 이용해 왜구의 배를 불살랐다. 연기와 불길이 하늘을 뒤덮었으며 배를 지키던 적병은 거의 타 죽고 바다에 뛰어들어 죽은 자 또한 많았다. 왜적은 궁지에 몰려 발악하다가 포로로 잡았던 사람들을 모두 죽여 시체가 산같이 쌓이고 지나는 곳은 피바다를 이루었다. 오직 330여 명만이 살아서 도망쳤는데, 배를 지키던 왜구 중 살아남은 자는 옥주(沃州)로 가서 이미 상륙했던 무리와 합세했다.

진포에서의 큰 승리에도 불구하고 내륙에서의 상황은 매우 좋지 않았다. 상륙한 무리는 각지를 약탈하며 돌아다녔는데, 영동감무(永同監務)가 죽임을 당하는 등 각 지역의 고려군은 이들을 막지 못했다. 전라도 원수 지용기(池湧奇)의 휘하에 있던 배검(裵儉)이 적정을 살피겠다고 자청하여 사신을 칭하며 왜구의 진영을 다녀왔다. 이때 왜구들은 싸움을 앞두고 그 길흉을

점치는 특이한 의식을 행했다. 『고려사』 '변안열' 열전에서는 다음과 같이 묘사하고 있다.

> 왜적이 2·3세 된 여아를 잡아서 머리를 깎고 배를 갈라 깨끗이 씻은 다음 쌀과 술을 같이 차려 놓고 하늘에 제사를 지냈다. 좌우로 벌여 풍악을 울리며 큰절을 올렸다. 제사가 끝나자 쌀을 나누어 먹고 술 석 잔을 마신 다음 아이를 불태웠는데 창(槍) 자루가 갑자기 부러졌다. 점치는 자가 말하기를, "우리들이 이곳에 머무르면 반드시 패할 것이다"라고 하니, 곧 군사를 이끌고 선주(善州)로 달려가 마침내 선주를 불태웠으며 또한 경산부(京山府)를 침략했다.
>
> —『고려사』 권126, 「열전」 권제39, "간신 2", '변안열'

그렇잖아도 잔인한 행위를 일삼던 왜구들은 진포에서의 패배 이후 그 기세가 도리어 더욱 거세어졌다. 『고려사』·『고려사절요』에서 "3도의 연해 지역은 쓸쓸하게 텅 비어 버렸는데, 왜구의 환란이 있은 이후로 이때에 비견될 만한 시기는 없었다"라고 말할 정도였다.

이런 위기적 상황에서 다시 등장한 것이 이성계였다. 우왕은 이성계를 양광·전라·경상도 도순찰사로 임명하여 이에 대처하게 했다. 이성계의 군대가 미처 도착하기 전에, 원수 배극렴 등은 사근내역(沙斤乃驛)에 주둔한 왜구를 공격했는데, 주요 지휘관을 포함해 전사자가 5백여 명에 이르는 대패를 당했다. 왜적은 함양(咸陽)을 도륙하고 이어서 남원산성을 공격했다. 남원산성은 버텨 냈지만, 왜구는 퇴각하면서 운봉현(雲峯縣)을 불태운 후 인월역(印月驛)에 주둔했다. 그곳에서 그들은 "장차 광주의 금성(金城)에서 말을 먹인 후 북쪽으로 진격할 것이다"라고 호언장담하여 온 나라가 두려움에 떨었다고 한다.

이윽고 이성계의 부대가 남원에 도착해 배극렴 등의 군사들을 합류시킨 뒤 운봉을 넘어서 적진과 수십 리 떨어진 황산 서북의 정산봉(鼎山峯)으로 올라갔다. 왜적들은 험한 지형에 자리 잡고 있었기 때문에 고려군이 불리한 형세에서 전투가 시작되었다. 이성계는 여기서도 뛰어난 활 솜씨를 선보였다. 대우전과 유엽전(柳葉箭)을 쏘아 50여 발이 모두 왜구의 얼굴에 적중했는데, 활시위 소리에 함께 쓰러지지 않는 자가 없었다.

이성계는 앞장서서 적을 물리쳤지만, 이두란(李豆蘭)에 의해 위기일발의 상황을 모면하는 등 고전이 계속되었다. 전황을 타개하고자 이성계는 병사들을 독려하며 죽음을 무릅쓰고 적진을 향해 달려갔다. 다리에 화살을 맞고 수차례 말을 바꾸어 타면서도 공격을 반복했다. 이성계는 하늘의 태양을 가리키며 맹세하고 좌우의 병사를 지휘하며 "겁먹은 자는 물러나라. 나 또한 죽을 각오다"라고 말했다. 이에 장병들이 감동하여 용기를 백배로 내서 한 사람 한 사람이 사력을 다해 싸웠다. 그럼에도 적들은 요지부동이었다.

상황이 급변한 것은 왜구의 지도자인 아지발도(阿只拔都)의 죽음 때문이었다. 왜구에는 나이가 겨우 15~16세밖에 되지 않은 어린 적장이 있었다. 나이는 어렸지만 용모가 수려하고 용맹스럽기가 비할 데 없었다. 그는 백마를 타고 창을 휘두르면서 고려군 쪽으로 돌진했는데 그가 향하는 곳마다 병사들은 쓰러지고 감당하지 못했다. 고려군은 그를 아지발도라고 부르며 다투어 피했다. '아지(阿只)'를 『태조실록』 등에서는 '아기(阿其)'라고 쓰는 경우도 있는데, 지금의 우리가 쓰는 말에서처럼 나이가 어리다는 의미이다. 발도(拔都)는 몽골어로 용사를 의미하는 말(바투, БААТАР)을 한자로 옮긴 것이다. 즉, 지금 식으로 하면 '어린 용사'나 '소년 장수' 정도로 옮길 수 있는 말이다.

이성계는 아지발도의 모습을 보고 그의 무용을 아깝게 여겨 이두란에게 생포하라고 명령했지만, 이두란은 희생이 많을 것이라며 만류했다. 그래서 활을 쏘아 그를 죽이려고 했는데, 아지발도는 몸을 견고한 갑옷으로 감싸고 또한 구리로 만든 얼굴 보호대(面具)를 두르고 있어서 화살이 들어갈 틈이 없었다. 이성계는 계책을 생각해 내어 이두란에게 "내가 투구의 정자(頂子)를 쏠 터이니 투구가 떨어지거든 네가 즉시 쏘아라" 하고 말했다.

이성계는 말을 달리며 화살을 쏘았는데, 역시 이성계의 말처럼 화살은 아지발도의 정자에 명중했다. 그 위력으로 투구의 끈이 끊어져 투구가 기울었다. 아지발도가 급히 투구를 바로잡으려고 하자 이성계가 다시 화살을 쏘았는데, 이번에도 정자를 맞추자 투구가 땅에 떨어졌다. 이두란은 그 틈을 놓치지 않고 화살을 날렸고 아지발도는 그 화살에 맞아 죽었다. 아지발도가 죽자 왜구의 기운이 급격히 무너졌다. 이성계는 기세를 몰아 적들에게 돌진해 힘껏 싸웠다. 이에 적의 정예군은 모두 쓰러졌고 지휘자를 잃은 적들의 통곡 소리가 마치 만 마리의 소 떼가 우는 소리와 같이 울려 퍼졌다. 왜구들은 말을 버리고 산으로 올라갔는데 고려군이 승세를 타고 빠르게 추격하여 적을 크게 무찔렀다.

수많은 왜구를 죽임으로써 근처의 시냇물이 온통 붉어져 육칠일이나 핏빛이 변하지 않았기 때문에 사람들이 마시지 못하고 모두 그릇에 담아 오래 가라앉힌 뒤에야 마실 수 있을

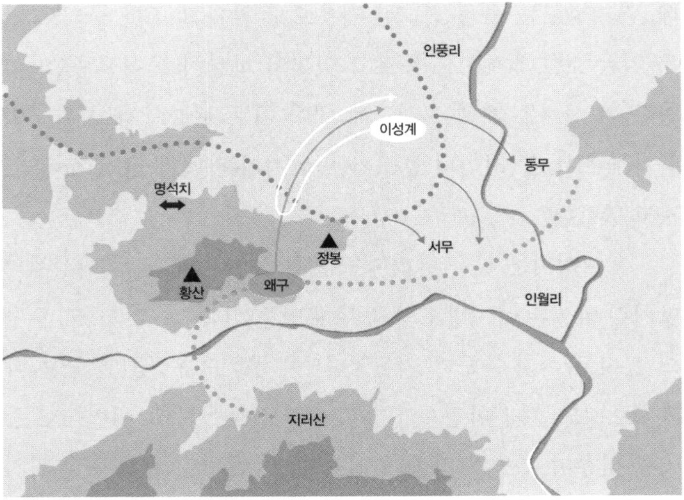

황산 대첩의 전투 요도[3]

정도였다. 전투 후 왜구로부터 노획한 말이 1,600여 필에 달했고 노획한 병장기는 헤아릴 수조차 없을 정도로 많았다. 황산 대첩에서 왜구의 숫자는 고려군보다 10배나 많았는데, 겨우 70여 명만이 살아남아 지리산으로 도망쳤다고 한다.

3 이 요도는 이영의 「홍산·진포·황산 대첩의 역사지리학적 고찰」, 『일본역사연구』 15(1), 일본사학회, 2002, 51~53쪽을 바탕으로 작성된 이상훈의 「고려말 왜구토벌의 전략과 전술 —사근내역전투와 황산전투를 중심으로」, 『군사연구』 134, 육군군사연구소, 2012, 203쪽의 전투 요도를 참고하였다.

이성계의 군대가 개경으로 돌아오자 최영이 백관을 거느리고 그들을 맞이했다. 최영은 눈물을 흘리며 이성계의 공적을 상찬했다. 이에 이성계는 오히려 공을 최영에게 돌리며 "이 적의 기세가 이미 꺾였으나 혹시 만약 다시 발호하는 일이 있다면 제가 마땅히 책임을 지겠습니다"라고 다짐했다. 이에 최영이 다시 "공이여! 공이여! 삼한이 다시 살아난 것은 이번 전투 덕분으로 공이 아니었던들 나라가 장차 어디에 의지하겠소?"라고 추켜올렸으나 이성계는 감당하지 못하겠다며 단지 겸손해했다. 이색(李穡)도 시를 지어 이성계의 공적을 칭송했다.

> 적의 소탕을 정말 썩은 가지 꺾듯 하였으니
> 掃賊眞將拉朽同
> 삼한의 기쁜 기색이 여러 공들의 것이네
> 三韓喜氣屬諸公
> 충성이 환히 드러나니 하늘에 안개가 걷히고
> 忠懸白日天收霧
> 위엄이 청구에 떨치자 바다에 풍파가 없네
> 威振靑邱海不風
> 개선하는 빛난 자리에서는 무열을 노래하고

出牧華筵歌武烈

능연의 높은 누각에는 영웅을 그리리

凌煙高閣畵英雄

—『태조실록』 총서, 66번째 기사

이로써 이성계는 위기에서 나라를 구한 진정한 영웅이 되었다. 황산 대첩 후 이성계의 명성은 더욱 높아져 왜적이 고려 사람을 사로잡으면 반드시 "이 만호(李萬戶)가 지금 어디에 있느냐?"라고 물어봤으며, 감히 이성계의 부대에는 접근하지 못하고 반드시 틈을 엿보아 노략질했다고 한다.

이성계가 다시 왜구를 크게 무찔렀던 것은 4년 뒤인 1385년(우왕 11), 함주에서였다. 1382년(우왕 8), 동북면 일대에 여진인이 침입하여 피해가 심해지자 이성계는 동북면 도지휘사에 임명되어 다시 동북 지방의 방어를 담당하고 있었다. 1385년, 왜적이 150척의 배를 이끌고 함주 등지를 노략질하며 백성들의 대부분을 죽이거나 포로로 잡아갔다. 이에 맞서 싸운 고려군이 크게 패하자 이성계가 공격에 나섰다. 이성계는 전투에 앞서 군사들의 사기를 높이기 위해 이번에도 어김없이 활로 솔방울을 맞히는 묘기를 선보였다.

사기가 높아진 군대를 이끌고 이성계는 화려한 활 솜씨

를 선보이며 앞장서서 싸웠다. 병사들의 앞에 서서 단신으로 말을 몰고 네 차례나 적진을 드나들었는데 향하는 곳마다 적들이 갈라지고 쓰러졌으며, 손수 적을 무수히 많이 쓰러뜨렸다. 이성계가 쏜 화살은 여러 겹으로 된 갑옷을 꿰뚫었고 혹은 화살 한 대로 사람과 말을 모두 관통시키기도 했다. 왜적이 도망치며 무너지자 고려군은 승기를 타고 함성을 질러 하늘과 땅이 요동쳤다. 쓰러진 적군의 시체가 들판을 뒤덮었으며, 한 명도 빠져나가지 못했다.

왜구를 물리친 이와 같은 이성계의 활약상은 『고려사』·『고려사절요』, 『조선왕조실록』 등에 상세하게 기록되어 있다. 조선시대에 만들어진 이들 역사서에서 조선을 건국한 이성계의 활약을 자세히 기록한 것은 당연한 일이었을 것이다. 그렇기 때문에 또한 너무나도 자세한 이성계의 활약상에 의문을 가질 수밖에 없다. 이성계를 영웅으로 만들기 위해 윤색 혹은 과장을 한 부분은 없었을까? 이성계가 승전을 거둔 것은 분명하지만 그 세부 내용까지 모두 사실일까? 하는 것은 조금 따져 봐야 할 필요가 있다.

황산 대첩 후 최영이 눈물을 흘리며 이성계에게 "왜구의 기세가 꺾이고 삼한이 다시 살아났다"라고 말했다지만, 왜구는 그 이후에도 좀처럼 기세가 꺾이지 않았다. 황산 대첩의

한 달 뒤 왜구가 김해부를 공격해 불살랐고 그다음 해에는 오히려 왜구의 노략질이 더 심해진 면도 있었다. 왜구의 침입과 가뭄으로 인해 공부(貢賦)를 받지 못해 요물고(料物庫) 등 국가의 여러 창고가 빌 지경이었다. 1383년, 정지의 남해 대첩에서 왜구의 선박이 130척, 1385년, 함주에서 이성계가 물리친 왜구는 150척이었다.

이렇게 큰 규모의 왜구가 고려의 각지에서 노략질을 계속했고 왜구는 여전히 고려에게 큰 위협이었다. 요동 정벌이 불가하다며 이성계가 내세운 4가지 이유 중 하나도 바로 이 왜구의 위협이었다. 이성계의 주장을 뒷받침하려는 의도에서였는지는 몰라도 1388년(우왕 14)의 기록에는 "전라도와 경상도는 왜구의 소굴이 되고"라는 표현까지 있다. 더군다나 1382년에는 왜구를 사칭한 화척(禾尺)들이 무리를 지어 노략질을 하는 일도 발생했다. "삼한이 다시 살아났다"는 상황이 결코 아니었다.

우왕은 황산 대첩의 승리 뒤에 크게 기뻐하며 이성계에게 상을 내렸지만, 그다음 해 최영에게 내린 교서에서는 "지난 해에 왜적이 양광도와 전라도를 깊숙이 노략질하니 경이 여러 장수들을 지휘하여 적선을 진포에서 불태울 수 있었다. 다시 운봉의 승리가 있었으니 공로의 크기가 산과 같아 오래도록 잊기 어렵다"라며 진포·황산 대첩의 승리를 최영의 공으로 돌리고 있다. 최영이 처형된 소식을 듣고 고려의 많은 백성은 모두 눈물을 흘렸다고 한다. 변계량이 최영에 대해 읊은 시에는 "말 배우는 거리의 아이도 그 이름을 다 안다"라고 할 정도로 당시 고려에서 최영의 명성은 절대적이었다고 할 수 있다. 활약한 기간에 차이도 있었기에 이성계가 거둔 공적은 정적인 최영에 비해 다소 미치지 못하는 부분이 있었다. 이런 점을 포함해 여러 측면에서 이성계는 초인적인 영웅이 되어야만 했다.

그런데, 이성계의 활 솜씨가 진짜였는지는 사실 중요한 문제가 아니다. 중요한 것은 이성계가 물리친 왜구의 묘사가 어느 정도까지 사실인가의 여부이다. 왜냐하면, 그곳에서 묘사된 왜구의 규모, 그들의 모습과 행동 양식, 왜구의 우두머리인 아지발도에 대한 내용 등은 다른 왜구 기록들과 비교해 꽤 자세한 편인데, 이런 내용들이 왜구가 어떤 사람들이었는지를 밝히는 데 매우 중요한 단서가 되기 때문이다.

5. 슈퍼빌런 '아지발도'의 정체

슈퍼히어로가 등장하는 영화에는 보통 그와 맞서는 빌런(Villain: 악당)의 존재가 있기 마련이다. 영웅이 악당을 물리치고 세상을 구한다는 것은 가장 보편적인 '영웅의 이야기'이다. 조선을 건국한 영웅 이성계에게도 그에 걸맞은 상대가 있었다. 이성계가 조선을 건국하는 과정에서 최대의 라이벌이라고 할 수 있는 인물은 최영이었다. 그렇지만 최영은 고려의 많은 백성에게 사랑받았던 인물이었다. 고려에 대한 그의 충성심은 조선을 건국한 사람들로서도 부정하기 힘들었다. 이성계는 조선을 건국한 뒤 최영에게 시호를 내려 주기까지 했다. 어디까지나 최영은 이성계의 라이벌이지, 악당까지는 될 수 없었다.

영웅 이성계의 탄생은 침략해 온 왜구를 무찔러 나라와 백성을 구함으로써 이루어졌다. 그리고 '영웅 이성계'가 탄생했다고도 할 수 있는 황산 대첩에서 이성계가 물리친 왜구의 지도자 아지발도는 이성계에게 빌런과도 같은 존재가 되었다. 황산 대첩에서 이성계의 활약상은 이후의 여러 역사서에 매우 상세히 기록되었고 역사 속에서 반복되어 회자되었다. 특히, 1577년(선조 10)에는 황산 대첩을 기념하기 위해 왕명으로 운봉에 〈황산대첩비〉가 건립되었다. 이 과정에서 '영웅 이성계'가 물리친 아지발도는 단순한 도적 무리의 두목 정도가 아닌 '천하의 뛰어난 재주(天下奇才)'(『중종실록』)를 가진 적의 장수로서 인식되었다. 다산 정약용은 「황산대첩비를 읽고 나서(讀荒山大捷碑)」라는 시에서 다음과 같이 읊고 있다.

아지발도 그 또한 기특한 남아로세
阿只拔都奇男兒
사람 나이 열다섯은 어리기 짝이 없어
人年十五眇小耳
파피리 불어대고 죽마 탈 시절인데
葱笛堪吹竹堪騎
감히 규염 자부하고 힐리가 되어서는

敢與虯髥作頡利

만 리 바다 넘어 대장기를 휘둘렀네

越海萬里專旌麾

—정약용, 『다산시문집』 제2권,

「황산대첩비를 읽고 나서」

남원 지역의 설화 중에는 아지발도가 7척 장신으로 묘사되기도 하며, 그가 이성계와 이두란의 활에 맞아 흘린 피로 바위가 붉게 물들었다는 피바위 전설은 지금도 유명하다. 이성계가 아지발도를 죽이고 얻은 보검(寶劍)이 태종 이방원을 통해 왕실의 가보로 전해졌다는 출처가 불분명한 이야기도 전한다. 이런 이야기들을 통해 영웅 이성계를 위해 덩달아 아지발도가 부각된 양상을 알 수 있다.

그렇지만, 아지발도라는 인물은 많은 면에서 그야말로 수수께끼의 인물이다. 앞에서도 보았지만 아지발도는 고려군이 붙인 이름으로 그의 본명이 아니다. '발도'라는 몽골어 이름 때문에 아지발도가 일본 열도에서 온 사람이 아니라 몽골 출신이거나 혹은 몽골의 직접 지배하에 있던 제주도 출신이라는 주장도 있다. 그렇지만 이름을 붙인 것은 고려의 병사들이었고, 당시 고려는 몽골의 통제하에서 갓 벗어난 상태였다. 일본의 식민 통치에서 벗어난 한국에서 현재도 여전히 많은 일본어가 통용되고 있는 것처럼 당시 고려에서도 몽골어가 익숙하게 사용되었을 가능성이 높다. 이미 조선시대의 여러 학자들도 아지발도의 이름에 대해 고증했는데, 실학자 이덕무의 「앙엽기(盎葉記)」에서는 다음과 같이 말하고 있다.

> 우리 태조가 왜의 추장 아지발도를 섬멸했는데, 언뜻 보면 이것이 왜의 이름인 것 같으나 사실은 아니다. 우리나라 방언에 소아(小兒)를 '아지(阿只)'라고 한다. 운봉의 싸움에서 목이 잘린 왜구는 나이가 매우 어렸지만 뛰어나게 용감했었다고 한다.
>
> 대개 고려가 호원(胡元)에 복속(服屬)되었을 때 모든 명칭이 모두 몽골(蒙古)의 말로 불렸기 때문에 그때 왜의 추장(倭酋)은 나이가 어리지만 장령(將領)이었으므로 그 성명과 관작을 자세히 알 수 없어서 그냥 '아지발도'라고만 일컬은 것이다. 다만 발도의 칭호가 어느 등급이 되는지는 모르겠다. 그러나 사천택(史天澤)과 장홍범(張弘範)의 무리들이 이 호칭을 얻은 것을 보면, 이는 곧 존귀한 자의 칭호로써 우리나라의 대감(大監)이나 영감(令監)과 같은 것이다.

—이덕무, 『청장관전서』 제56권,

「앙엽기」 3, "발도"

이처럼 고려 병사들이 붙인 '아지발도'라는 이름만 가지고 섣불리 그의 출신이나 정체를 추정해서는 안 된다.[4] 단지 알 수 있는 것은 이덕무의 말처럼 아지발도가 존귀한 신분이었을 것이라는 점이다. 황산 대첩이 끝난 뒤, 왜구에게 포로로 잡혀 있던 사람이 돌아와서 자신이 보고 들은 일을 다음과 같이 보고했다.

> 아지발도가 태조의 진용이 정연한 것을 보더니 자기 무리에게 일러 말하기를, "이번 군대의 군세를 보니 과거의 장수들과는 비교가 안 된다. 오늘 전투는 너희들이 마땅히 조심하라"라고 하였습니다. 처음에 아지발도는 섬에 있을 때 출정하지 않으려 하였으나 왜적들이 그 무용에 탄복하여 진실로 간청하여 오게 되었다고 합니다. 여러 적의 우두머리들도 그를 보러 올 때마다 반드시 달려와

4 위의 설명에서 사천택·장홍범은 모두 한족으로 원나라에 투항해 여러 전공을 세웠던 인물들이다.

무릎을 꿇었고 부대의 지휘도 모두 그가 맡았습니다.

—『고려사』 권126, 「열전」 권제39, "간신 2", '변안열'

아지발도의 나이가 15~16세에 불과했지만 왜적들이 간청해서 고려로 오게 되었고 왜구의 우두머리들이 모두 그에게 무릎을 꿇고 부대의 지휘도 모두 그가 맡을 정도였으니 그의 신분은 꽤 높았을 것이다. 아지발도가 있었다는 '섬'이 정확히 어디인지는 알 수 없다. 그곳이 일본 열도의 어느 지역이었다면 일본의 당시 상황상 '높은 신분'은 무사 계급으로 보는 것이 가장 타당할 것이다.

또한 그가 어린 나이임에도 무용이 매우 뛰어났던 것은 어려서부터 전문적인 무사 수련을 거쳤기 때문일 것이다. 무엇보다 이성계와 대적할 때 묘사된 '견고한 갑옷으로 몸을 감싸고 구리 면구(面具)를 써서 화살이 들어갈 틈이 없었다'라는 그의 모습은 갑옷과 투구, 얼굴을 가리는 협당(頰當) 등을 착용한 일본의 무사를 연상케 한다.

투구 및 갑옷의 묘사에 대해 일본의 투구에는 증자(繒子, 頂子: 꼭지)가 없다거나 얼굴 전체를 덮는, 가면과 같은 안면 보호 장비가 당시 일본에서는 아직 사용되지 않았다는 등 아지발도의 복장이 그 당시 일본의 무사와는 차이가 있다는 주장도 있다. 그런데, 황산 대첩 이전인 1377년 5월, 배극렴의 군대가 왜구에 맞서 싸우다가 그 우두머리인 '패가대 만호(霸家臺 萬戶)'를 죽인 일이 있었다.

이때 '패가대 만호'는 "큰 쇠 투구를 쓰고 손발까지 모두 덮은 갑옷"으로 무장했다. 패가대는 하카타[博多]이고 만호는 그 지역의 유력인을 지칭하는 것이므로, 이 사람은 하카타의 유력 무사였을 것이다. 아지발도의 복장도 이와 비슷하게 묘사되었던 것으로 역시 '일본 무사의 복장'이었다고 보는 편이 더 타당하다.

불분명하고 조금 의심스러운 구석이 있지만, 아지발도는 일본에서 온 꽤 높은 신분의 무사였다고 볼 수 있다. 그런데, 실은 그의 정체보다도 더 골치 아프면서도 중요한 '왜구 최대의 미스터리'가 있다. 그것은 "그가 이끌었던 왜구가 어떤 사람들이었는가?"라는 문제이다.

3장

그림자가 된 사람들

고려 말의 대규모 왜구가 모두 일본에서 건너온 정규군이라고 하기에는 당시 일본의 정황상 그 가능성이 높아 보이지 않는다. 그야말로 고려 말의 대규모 왜구는 미스터리에 싸여 있는 존재인 것이다. 이런 수수께끼를 해결하기 위해 제기된 주장이 왜구가 모두 일본에서 고려로 건너간 것이 아니라 실은 그중 상당수는 고려의 사람들이었다는 〈고려·조선인 왜구 참여설〉이다.

1. 미스터리 가득한 고려 말의 대규모 왜구

우왕 때의 왜구는 그 이전보다 큰 집단을 구성해서 자주, 그리고 오랫동안 고려의 각지에서 노략질을 했다. 그들이 주로 약탈해 갔던 것은 쌀과 사람이었다. 진포에 상륙했던 왜구들이 약탈한 쌀을 배로 날랐다는 것이나 잡아갔던 노약자들을 배에 태웠다는 등의 이야기로도 이것을 잘 알 수 있다. 쌀과 사람을 약탈한 것은 앞에서도 보았던 것처럼 식량을 자급할 수 없던, 열악한 생활환경에 살던 사람들이 삶을 영위하기 위해서였다고 설명할 수 있다. 쉽게 말하면 먹고살기 위해서 모인 사람들이 노략질을 벌인 것이라고 할 수 있다.

그렇지만, 이렇게 보기에는 이성계가 무찌른 아지발도

의 왜구는 말이 안 되는 점이 너무 많다. 먼저 왜구의 수가 너무 많다. 황산 대첩에서 왜구의 수가 정확히 어느 정도였는지는 알 수 없다. '아군의 10배'였다든지, 진포 대첩에 정박했던 배가 5백 척이었다는 등을 통해 짐작할 수 있을 뿐이다. 이를 통해 만 명에서, 많게는 2만 명 정도까지로 추정하기도 한다.

그런데, 쓰시마섬이나 규슈 북부에서 한반도 남해안까지의 거리가 얼마 안 된다고 해도 만여 명이 바다를 건너는 것은 당시는 물론 지금도 쉬운 일이 아니다. 바다를 건널 때는 배만 있으면 되는 것이 아니다. 항해 중에 필요한 물과 식량, 약탈을 위해서는 무기도 필요하다. 그리고 고려군과 싸워서 잘못될 일은 물론 항해 중에 폭풍우를 만날 수도 있다는 각오도 하고 나서야 한다. 단지 먹고살기 위해서 그렇게 많은 사람이 상당한 비용과 용기를 내어 왜구가 돼 고려로, 때로는 중국 대륙으로까지 몰려갔다는 것은 납득하기 어려운 점이 많다.

더군다나, 대규모의 왜구는 한 차례로 끝난 것이 아니라 황산 대첩 전후에도 있었다. 1377년(우왕 3), 제주도를 노략질한 왜구는 2백여 척, 남해 대첩의 왜구는 큰 배 120척, 이성계가 함주에서 물리친 왜구들은 150척이었다. 남해 대첩에서 왜구는 큰 배 20척을 선봉에 세웠는데, 배마다 140명의 강병(强兵)을 태우고 있었다. 황산 대첩보다는 적을지 몰라도 이 정도면 굉

장히 많은 수의 왜구가 있었다는 것이 된다.

함주의 싸움 이후 왜구의 수를 알 수 있는 기록이 많지는 않지만, 1388년(우왕 14)에는 왜구의 배 80여 척이 다시 진포에 정박하고 각지를 약탈했는데, 광주가 함락되고 전주·진주 등이 노략질당하는 등 "왜구가 3도를 노략질하면서 여름부터 가을까지 도륙하고 방화하며 죽이고 노략질하였음에도 이르는 곳마다 막을 수 있는 자가 없었다"라고 할 지경이었다. 숫자는 줄었지만 배 80여 척도 결코 적은 수가 아니다. 아울러 비슷한 시기 중국 대륙에서도 천에서 3천여 명의 왜구 집단이 활동했다는 것을 기억할 필요가 있다.

이렇게 많은 사람이 바다를 건너와 행동하기 위해서는 항해 비용 외에도 그들의 부재 기간 동안 그들의 노동생산력 등을 보완하기 위한 비용 등 많은 뒷받침이 필요하다. 더군다나 실제로 바다를 건너온 많은 사람은 그들의 집으로 돌아가지 못했다. 그들의 공백은 과연 어떻게 메꾸었을까? 황산 대첩에서 만 명 넘게 죽었다면, 더군다나 대부분이 청장년층의 남성이었을 텐데 이것은 그들의 고향 땅에서는 보통 일이 아니었을 것이다. 그런데 그 뒤에도 많은 사람이 계속해서 바다를 건넜고 다시 돌아가지 못했다. 단순히 먹고살기 위해서라는 목적으로 그랬다고 보는 것은 아무래도 무리가 아닐까?

무리라고 여겨지는 것에는 또 다른 이유가 있다. 그것은 바로 왜구가 단순하게 숫자만 많았던 것이 아니라 조직력을 갖춘 매우 강한 무력 집단이었다는 점이다. 아지발도의 군대는 고려군을 연속해서 격파했었을 뿐만 아니라 이성계의 부대도 아지발도를 죽이기 전까지는 고전을 면치 못했다. 더군다나 지형지물을 이용해 요지를 선점하는 등 단순한 도적 무리가 아닌 '군대'로서의 면모가 여기저기서 나타난다.

왜구 침략의 초기에는 왜구가 기습적으로 공격해 물건을 약탈해 가는 경우가 많았지만, 점차 내륙으로 들어와 주요 도시를 공격해 함락시키고 고려군과 정면 대결하는 경우가 많아졌다. 최영·이성계 등이 큰 승리를 거두기도 했지만, 왜구에게 정규군이 패전하는 일은 조선이 건국된 뒤에도 일어났다.

아지발도의 이야기로 다시 돌아가면, 그의 출신이나 확실한 정체를 알 수는 없지만 앞에서 살펴보았던 것처럼 그가 일본에서 꽤 높은 지위의 무사 계급이었을 가능성은 높다. 그리고 그가 이끈 왜구는 고려군이 상대가 되지 않을 정도로 강한 무력을 가진 집단이었다. 빈궁한 도서 지역의 사람들이 왜구의 주축이었다면 그렇게 강한 무력을 가질 수 있었을까? 과거의 역사를 돌아보면 '힘없는 농민들'이 반란을 일으켜 정규군을 물리치는 경우도 종종 있었으므로 불가능한 것은 아니라고 할 수 있을지도 모른다.

그런데, 아지발도가 이끈 왜구가 어민 등이 주축이 되어 이루어진 우발적이면서도 단순한 도적 집단이 아니라 '군대'에 가까운 것이었다는 단서가 있다. 그것은 바로 '말' 혹은 '기병(騎兵)'이 있었다는 점이다. 당시 일본의 군대는 기병을 중심으로 이루어져 있었다. 그리고 기본적으로 '무사'는 말을 타고 싸웠다. 어려서부터 말과 같이 생활하는 유목민을 제외한 사회에서 말을 타는 능력을 갖추기 위해서는 이를 위한 제반 조건이 마련되어 있어야 한다. 즉, 일정 수준 이상의 집안이어야 말을 탈 수 있었다.

왜구에는 그런 기병이 있었다. 아지발도의 왜구에서만이 아니라 다른 왜구의 경우에서도 기병의 존재를 확인할 수 있다. 특히, 아지발도와 관련해서는 '정예 기병'이나 '철기(鐵騎)'와 같은 묘사도 보이는데, 전투 후에 고려군이 노획한 말은 무려 1,600여 필에 달했다. 노획한 말의 숫자가 이 정도이니 전투 중에 죽은 말의 수를 포함하면 실제로는 더 많았을 것이다.

예를 들면, 1379년(우왕 2) 5월, 진주를 노략질한 왜구는 기병 7백 기, 보병 2천 명으로 구성되어 있었다. 여몽연합군이 일본을 침공했을 때, 이에 맞서 싸운 일본군의 기병 비율은 30~40%였다는데, 진주의 왜구는 이 비율과도 비슷한 구성이었다고 할 수 있다. 이것을 아지발도의 부대에 적용하면, 왜구의 총수가 만여 명이라고 했을 때 포획된 말의 숫자 등을 고려해 2천 기 이상의 기병이 있었다고도 추정할 수 있다. 노획한 말의 숫자를 고려해 보아도 충분히 가능해 보이는 수이다. 아울러 고려군은 전투 후 말 이외에도 셀 수 없을 정도의 많은 병장기(兵仗器)를 노획했다.

즉, 꽤 높은 지위의 무사였다고 생각되는 아지발도가 이끌었던 왜구는 많은 기병과 충실한 무기를 갖춘 무력 집단이었다. 이들은 단순하게 생존을 위해 노략질을 하려고 바다를 건너온 도적 집단이라기보다는 권력 집단 아래 편제된 전문 군대에 가까워 보인다. 그리고 당시 일본은 전문 군대를 이끌며 이를 바탕으로 권력을 행사하던 '무사의 사회'였다.

고려 말에는 아지발도의 무리를 비롯해 많은 수의 기병을 동반한, 강력한 무력을 가진 왜구가 여러 차례 나타났다. 왜구가 바다를 건너기 위해서는 어느 정도의 비용이 필요하다고 했는데 '전문 군대'가 바다를 건너기 위해서라면 그 비용은 더욱 늘어날 수밖에 없다. 짧은 거리이지만 많은 수의 말도 싣고 와야 한다. 왜구를 '빈궁한 사람들'이라고 보기 어려울 뿐만 아니라 왜구의 목적이 '그들의 삶을 유지하기 위한 식량 확보'라고 보기 힘든 점이 여기에 있다.

왜구가 일본에서 온 '정규 군대'였다는 주장은 과거 일본에서도 있었다. 고려에서 대규모 왜구가 출몰하던 우왕 무렵에는 남조 세력이 북조 측의 공세에 밀려 세력권이 크게 위축되고 수세에 몰리던 상황이었다. 고려 말의 강력한 무력을 지닌 대규모의 왜구는 바로 수세에 몰렸던 남조의 무사들이 국면타개를 위해 고려를 침공한 것이라는 주장이 20세기 초 일본의 학자들에 의해 주장된 적이 있다. 그리고 그들이 군대를 동원해 고려를 침략한 이유에 대해서는 그 약탈품인 '쌀'에 주목해, 왜구가 '쌀-식량'을 약탈한 것은 단순히 생활을 영위하기 위한 목적에서가 아니라 북조 측과의 항쟁에 사용할 '군량미' 확보가 목적이었다고 설명했다.

남조의 무사 세력이 왜구의 배경, 혹은 그 주체였다면 아지발도 등과 같은 대규모의, 강력한 무력을 지닌 고려 말 왜구의 수수께끼가 어느 정도 설명될 수 있다. 멀리 중국까지의 항해 및 약탈 활동도 이런 강력한 배경이 있었다면 그 비용 문제도 어렵지 않게 설명 가능하다. 이와 비슷한 주장을 하는 한국과 중국의 학자도 있다.

그렇지만, 이와 같은 왜구의 '남조 주체설'에는 문제점이 있다. 먼저, 남조의 유력한 무사들이 군사를 동원해 고려를 침략했다면, 그와 관련한 일본 측의 기록이 남아 있을 만한데 직접 증거로 삼을 수 있는 기록이 없다. 예를 들어 아지발도가 남조에 속한 유력한 무사였다면, 혹은 단순히 일본에서 상당한 지위에 있던 '어린 무사'였더라면, 그와 대응되는 인물을 일본의 역사 기록에서 발견할 수 있어야 한다. 그렇지만 해당하는 시기의 일본에서 그렇게 어리고 높은 지위의 무사가 고려에 와서 전사했다는 일본의 기록은 없다. '패가대 만호'에 상당하거나 그 외에 유력한 일본의 무사가 고려에서 약탈하다가 전사했다는 기록 역시 없다.

또한 고려에서 그렇게 많은 수의 정예 병사가 죽었다면 일본의 국내 상황에 모종의 영향을 주어야 한다. 황산 대첩에 동원된 왜구 —일본에서 온 군대— 의 수가 기병 2천 여에 병사가 만여 명에 이르고 이들 대부분이 그곳에서 죽었다면 이것은 그들이 속했던 세력에게는 굉장히 큰 타격일 수밖에 없었을 것이다. 황산 대첩의 3년 전인 1377년, 규슈의 북조와 남조 세력이 맞붙은 '니나우치[蜷打]의 전투'에서 기쿠치[菊地]씨가 중심이 된 남조의 군세는 5천 기 정도였다. 아지발도가 남조의 무장이었고 그가 남조의 군대를 이끌었다면, 남조 세력은 '니나우치의 전투' 3년 뒤 고려에서 거의 절반에 가까운 전력을 잃은 게 된다. 이 정도 피해를 입었다면 당연히 기록에 남을 만하다.

기록도 기록이지만, 이런 큰 '숫자'를 따져 보면 애당초

"과연 당시에 그 정도 규모의 군대를 해외로 동원할 수 있었을까?" 하는 의문이 들 수밖에 없다. 1377년, '니나우치의 전투'에서 남조는 크게 패하고 다수의 유력 무장이 전사했다. 그런 위기 상황에서 병량미 확보라는 목적을 위해 고려로 대규모 원정을 하는 것이 가능했을까?

더군다나 대규모 왜구가 고려에서 패배해 돌아오지 못하는 상황이 발생하고 있었다. 성공의 보장도 없을뿐더러 국내에서는 북조의 공세가 계속되는 상황에서 모험적인 대규모의 해외 원정을 감행한 것이 된다. 그리고 이런 대규모 원정은 비단 1회에 그친 것이 아니었다. 과연 이같이 대규모의 병력을 계속해서 고려로 파견하는 것이 가능했을까?

약간 뒤 시기의 사료이기는 하지만, 1411년부터 1435년까지의 기록인 『만제준후일기(萬濟准后日記)』에는 당시 일본의 유력 영주가 거느린 군대의 규모가 평균 잡아 기병 3백여 기, 보병 2,500여 명이었다는 기술이 있다. 몇백 명의 기병을 동원하는 것만 하더라도 당시로서는 보통 일이 아니었던 것이다. 그런데 많은 기병을 포함한 대규모 병력의 왜구가 고려에 너무 자주 나타났다. 남조의 정규군이 빈번하게 그것도 대규모로 바다를 건너 고려에서 원정 약탈을 감행했다는 것은, 당시 일본의 정황상 가능성이 낮아 보인다.

'숫자'가 문제의 핵심이라면 제기할 수 있는 반론이 있을 수 있다. 즉 "『고려사』 등 왜구의 규모에 대한 기록이 왜곡된 것이 아닌가?" 하는 의문이다. 고려 말 왜구에 대한 『고려사』·『고려사절요』나 『조선왕조실록』은 태조 이성계의 업적을 하나같이 매우 자세하게 기록하고 있다. 영웅 이성계를 만들기 위해 그 전과(戰果)도 어느 정도 과장되게 기록된 것은 아닐까? 노획한 말만 1,600여 필이라는 것은 아무리 생각해도 지나치게 많은 것이 아닐까?

이런 기록에의 의혹은 과거부터 있어 왔다. 이성계의 왜구 토벌 기록은 다른 경우와 비교해 유달리 그 내용이 너무 상세하고 왜구의 숫자도 유독 많다. 다른 이야기가 되지만, 『고려사』를 보면 1361년(공민왕 10) 음력 10월에 압록강을 건너온 홍건군은 10만여 명이었는데, 1362년(공민왕 11) 음력 1월, 이성계가 활약한 개경 탈환전에서 적을 죽인 숫자는 10만여 명, 도망쳐 압록강을 건넌 잔당도 10만여 명으로 되어 있다. 다양한 해석의 가능성도 있겠지만, 이 숫자는 아무래도 이상하다. 이런 경우를 생각해 보면 이성계의 왜구 토벌 공적에 기록된 유난히 많은 적군의 수는 의심스러운 구석이 있다.

그렇지만, '대규모 왜구'는 정지의 남해 대첩에서처럼 이성계와 관련없는 기록에서도 보인다. 또한 『고려사』 등 우리의 과거 역사 기록이 왜곡된 것이라고 아무 근거도 없이 폄훼하고 불신해서는 안 된다. 확실한 반증이 없는 한 역사의 기록을 부정해서는 안 된다.

『고려사』 등에 기록된 왜구의 규모도 아무 근거 없이 부정할 수는 없다. 그렇지만, 고려 말의 대규모 왜구가 모두 일본에서 건너온 정규군이라고 하기에는 당시 일본의 정황상 그 가능성이 높아 보이지 않는다. 특히 너무나 많은 기병의 숫자는 잘 설명이 되지 않는다. 그야말로 고려 말의 대규모 왜구는 미스터리에 싸여 있는 존재인 것이다. 이런 수수께끼를 해결하기 위해 제기된 주장이 왜구가 모두 일본에서 고려로 건너온 것이 아니라 실은 그중 상당수는 고려의 사람들이었다는 '고려·조선인 왜구 참여설'이다.

2. 대규모 왜구는 '고려인'이 주체?

당시 일본의 국내 상황에서 보았을 때 그렇게 많은 왜구가 전부 일본에서 고려로 바다를 건너갈 수 없었다는 전제에서 착안한 주장이 '고려인 왜구설'이라고 할 수 있다. 핵심적인 내용은 일본에서 건너온 진짜 왜구에 다수의 고려 주민들이 참가해 대규모 집단을 이루었거나 혹은 일본에서 건너온 '진짜 왜구' 없이 고려의 주민들이 왜구를 가장해 행동했다는 것이다. 이런 주장에는 고려 말보다 어쩌면 더 큰 문제가 되었던 16세기 중국 대륙에서의 왜구에 소수의 일본인+다수의 중국인으로 구성된 집단, 혹은 중국인만의 가짜 왜구로만 이루어진 집단이 많았다는 것도 참고가 되었다.

'고려인 왜구'의 주장을 뒷받침하는 몇 가지 사료적 증거도 있다. 『고려사』·『고려사절요』에는 고려의 천민층에 속하는 화척·재인(才人)이 왜구를 사칭해 노략질했다는 사실이 기록되어 있다. 그리고 『세종실록』 세종 28년(1446) 10월 조 이순몽(李順蒙)의 상서(上書)에는 고려 말 왜구가 실은 "왜인이 열에 한둘 정도에 불과하고 본국(고려)의 백성이 거짓으로 왜복(倭服)을 입고 무리를 이루어 난을 일으켰다"라는 말이 있다. "왜인이 열에 한둘 정도에 불과"하다는 말은 16세기 중국의 왜구에 대해서도 자주 쓰이던 어구였다. 1469년(예종 1), 영의정 홍윤성(洪允成)도 "전조(前朝) 말기에도 '우리나라 사람으로서' 왜구라 일컫고 도둑질을 한 자가 자못 많았다"라는 말을 했다.

한편, 왜구가 전부 일본에서 건너올 수 없었다는 이유로 거론되는 것 중 하나가 그들이 가지고 있던 말(기병) 때문이었다. 그래서 생각해 낸 가설 중 하나가 "그렇게 많은 말을 가지고 다닐 수 있었던 것은 고려 내부에서 조달했기 때문이고 그것이 가능한 지역은 제주도가 아니었을까?"라는 것이다. 제주도는 원나라가 그들의 목장으로 삼고 말을 기르던 곳이었다. 공민왕의 반원 정책 이후 제주도에 남아 있던 몽골의 옛 세력들이 고려 조정에 반란을 일으키는 등 제주도는 특수한 위치에 있었다. 조선시대의 일이지만, 1494년(성종 25), 왜선 4척이 추자도에 웅거하며 기다렸다가 제주에서 진공하는 물건을 탈취하기도 했고, 중종 때에는 추자도 근처에서 왜구를 만나 죽임을 당하는 사람이 많았다. 그리고 제주의 '포작인(鮑作人)'으로 불리는 사람들이 왜복을 입고 왜말을 하며 몰래 일어나서 도적질을 하는 경우도 종종 있었다. 이들은 상선을 습격하고 이를 왜구가 한 짓처럼 꾸미기도 했다고 한다.

조선시대의 일은 고려 말의 연장선상에서 일어났던 것일 수 있으므로 조선시대의 몇몇 예는 고려 말 왜구가 제주도와 깊은 관계가 있거나 혹은 제주도 사람들이 왜구로 가장해 활동했던 것이라는 정황증거가 될 수 있다. 아지발도가 이끌던 왜구의 말이 제주도에서 가져간 것이라면 아지발도의 출신도 혹시 제주도가 아니었을까? 몽골어가 섞여 있는 아지발도의 이름도 그가 몽골과 관련이 있는 인물이었기 때문이 아니었을까? 하고 생각할 수도 있다. 제주도에서 몽골 세력이 일으킨 반란은 최영에 의해 진압되었지만, 그 잔존 무리가 남아 있었을 수 있다.

아지발도의 왜구들은 고려군과 싸우기 전에 "2·3세 된 여아를 잡아서 머리를 깎고 배를 갈라 깨끗이 씻은 다음 쌀과 술을 같이 차려 놓고 하늘에 제사" 지내는 의식을 치렀는데, 전쟁 전의 이런 풍습이 일본에서는 보이지 않으며, 북방 민족에게서 나타나는 것이고 아지발도가 쓴 투구의 묘사에서 나타나는 증자도 당시 일본 무사들의 투구가 아닌 몽골의 무사들이 썼던 투구에 가깝다는 주장도 있다.

그러나, 이런 주장에는 많은 한계와 문제점이 있다. 우선 고려인이 왜구에 참여했다는 사료가 너무 적거나 신빙성에 문제가 있다. 이순몽의 상서는 고려 말 왜구가 극성을 부리던 때부터 거의 반세기 후의 기록이며 상서에서 말하고 있는 내용의 근거도 없다. 고려 말 화척·재인이 왜적을 가장해 노략질했다는 기록이 있기는 하지만, 겨우 두세 건에 불과할 뿐만 아니라 이들이 '진짜 왜구'와 어떤 관련성을 갖는 것도 아니었다. 오히려 고려 조정에서는 가짜 왜구와 진짜 왜구를 분명히 구분했다.

조선시대에도 왜구를 가장한 도적들이 간혹 있었지만, 이들은 조선 조정에서 쉽게 파악할 수 있을 정도로 진짜 왜구와는 확연하게 구분되는 경우가 많았다. 예를 들면 1473년(성종 4), 순천에서 "푸른 옷을 입고 왜어(倭語)를 쓰는 10여 명의 도적"이 타고 있던 배는 경상도의 배와 비슷한 것으로 왜선과는 차이가 있었다. 이들은 순천·광양 등지의 해적으로, 왜인의 모양을 가장하고 노략질을 하던 사람들이었다. 이들 역시 진짜 왜구와는 별다른 관련성이 없었고 그 사실을 조선 조정에서는 잘 알고 있었다.

제주도민이나 한반도 연안의 주민들이 왜구와 직접 연관을 갖고 있었다는 사료도 없다. 먼저 왜구가 추자도에 웅거한 것이지 추자도 사람이 왜구가 되었다는 것은 아니다. '포작인'에 대한 내용은 가짜 왜구와 관련시킬 수 있지만, 이들에 대한 기록은 15세기 후반의 것으로 고려 말 상황과 직접 연관시키는 것은 무리이다. 특히, 포작인이 '진짜 왜구'들과 관련이 있었다는 내용 역시 없다. 오히려 『성종실록』에는 왜적들이 포작인을 만나면 "두려워하고 피해 달아난다"라는 내용이 있는데, 이를 통해 생각하면 포작인과 '진짜 왜구'의 관련성은 더욱 희박해진다.

아지발도와 관련한 주장도 그렇다. 앞에서도 밝혔지만, 아지발도라는 이름은 고려의 병사들이 붙인 이름으로 이것을 가지고 그가 몽골과 관계있는 인물이라고 보기는 힘들다. 복장의 묘사도 일본 무사의 복장으로 보는 것에 큰 무리가 없고 '왜구의 잔인한 풍습'은 그와 비슷한 내용이 중국의 왜구 기록에도 나타나며, 왜구의 잔인한 행동은 『고려사』의 "열녀"전 등에서도 묘사되어 있다.

그리고 신숙주의 『해동제국기』에는 쓰시마섬 도주에게 "4개의 목장이 있고 말은 2천여 필이나 된다"라는 내용이 있다. 시기에 차이가 있기는 하지만 이 내용을 참조하면 규슈의 도서 지역에서 2천여 필의 말을 공급하는 것이 충분히 가능했다고 할 수 있다. 무엇보다도 『고려사』 등에 왜구는 쓰시마섬이나 이키섬 등의 사람이 노략질하러 오는 것이라고 여러 차례 기록되어 있다.

일본에서 고려로 보내온 편지에도 그렇게 쓰고 있다. 고려 말의 "왜구가 누구였는가?"와 관련된 내용을 기술한 일본의 역사 기록은 거의 없는데, 군기(軍記) 문학 작품인 『태평기(太平記)』에는 1366년(공민왕 15), 고려에서 사신을 파견해 왜구 단속을 요청했다고 한 뒤, 일본에서 남북조 동란으로 산적·해적이 크게 늘었고 "결국 이 도적 일당이 수천 척의 배를 모아 원나라·고려의 해안가를 습격하고 명주(明州)·복주(福州)의 재물을 빼앗았다. 관청과 사원을 불태우는 동안 원나라와 삼한(三韓)의 관리·백성들은 이를 막기 힘들어 포구 가까운 지역에 사는 사람이 없이 황폐해졌다"라고 적고 있다. 그리고 그 뒤에 "적선(賊船)이 이국(異国)을 침범해 약탈하는 것은 모두 시코쿠[四国]·규슈의 해적들이 저지르는 일"이라고 기술하고 있다.

1389년(창왕 1), 박위(朴葳) 등이 쓰시마섬 정벌에 나선 것도 고려 조정이 쓰시마섬을 왜구의 소굴이라고 인식하고 있었기 때문이다. 이렇듯 고려 말의 대규모 왜구는 풀어야 할 수수께끼가 많기는 하지만 현재까지 알려진 사료를 통해 왜구의 주체는 역시 왜인 —일본 열도의 주민— 으로 볼 수밖에 없다. 현재 일본에서도 전기왜구의 주체는 역시 일본인 —일본 열도의 주민— 으로 보아야 한다는 것이 정론으로 되어 있다.

3. 고려 말의 왜구에는 고려인·중국인도 섞여 있었을까?

왜구의 주체가 일본에서 온 것은 정론으로 되어 있지만, 왜구에 고려의 사람들이 섞여 있었는지의 여부는 미묘한 문제로 남아 있다. 정확한 사료가 많지 않기 때문에 이 문제도 정황 증거와 함께 설명할 수밖에 없다. 일본에서는 왜구의 주체가 일본에서 온 사람들이었으나 고려의 주민도 여기에 자발적·능동적으로 참가한 사람이 있었을 것이라는 입장이 강하고, 반면 한국에서는 이에 대해 대체적으로 부정적이며 설사 왜구에 참여한 사람이 있었더라도 소수였거나 포로로 잡혀 억지로 행동을 같이했던 사람들이었을 것이라는 시각이 강하다.

자발적이었는지 억지로 할 수밖에 없었던 것인지는 몰

라도 왜구 안에 고려의 주민이 있었을 가능성은 높다. 아지발도의 왜구도 그렇지만, 왜구는 한반도의 내륙 깊숙이까지 들어와 활동하는 경우가 많았다. 이들은 무작정 돌아다닌 것이 아니라 노략질할 대상 지역과 목표를 향해 정확히 움직였다. 특히, 왜구가 주목표로 삼았던 조운선을 제대로 노략질하려면 조운선의 이동 경로와 시간을 알아야 한다. 또 다른 중요한 목표였던 지역의 창고도 마찬가지이다. 즉, 노략질이 가능하려면 현지 사정이나 지리를 잘 아는 사람의 도움이 있어야 했다.

이런 점은 중국 대륙의 왜구도 마찬가지였다. 일본에서 건너간 왜구가 중국의 연안에 상륙한 뒤 현지인이 여기에 합류해 이들이 하나의 집단을 이루어 행동하는 경우가 많았고 이를 증빙하는 사료도 많다. 특히 장사성·방국진의 잔당이 명나라의 통제가 제대로 미치지 않았던 도서 지역에 근거를 두고 왜구를 끌어들여 활동하고 있었다. 명나라가 왜구 문제에 신경을 많이 쓰고 적극적으로 일본과 정식 통교를 맺으려 했던 것도 통제 밖에 있던 연안 지역 반민(叛民)의 존재 때문이었다.

그런데, 한반도 남부의 연해 도서 지역 및 제주도, 규슈 연해 도서 부근의 바다를 생활의 터전으로 삼았던 사람들 사이에서는 국가나 중앙권력과는 무관한 그들만의 교류가 과거부터 이어지고 있었다는 시각이 있다. 민간 교류라고도 할 수 있는 이런 해상 네트워크는 한반도와 일본 열도뿐 아니라 중국 대륙의 연안 지역까지 이르는 동아시아의 해상 전반에서 이루어지고 있었다. 특히 고려 말은 중국 대륙과 일본 열도도 모두 혼란에 빠져 있던 시기로 중앙권력·국가권력이 약해져서 민간에의 통제력이 제대로 미치지 않았다. 동아시아 해상에서의 민간 교류는 이런 틈을 타서 더욱 활발해질 수 있었다.

특히 중국에서의 왜구에 이런 면이 잘 나타난다. 원나라 말기, 반원 세력이 난립하던 가운데, 장사성과 방국진은 연해 지역을 거점으로 삼고 해상 운송과 무역을 통해 세력을 확대했다. 원나라 말기의 왜구는 이들 세력과 관련이 있었고 주원장에 의해 이들이 토벌된 뒤에는 앞서도 언급한 것처럼 그 잔당들이 왜구와 연계해 명나라의 연해 지역을 위협했다.

1372년(홍무 4) 음력 12월, 명나라 조정에서는 과거 방국진의 세력하에 있던 온주(溫州)·태주(泰州)·경원의 군속(軍屬)과 난산(蘭山)·수산(秀山)의 주민을 조사했는데 그 수가 11만 명이 넘었다. 이들은 명나라 조정에 의해 각 위군(衛軍)에 배속되었고 이후 연해의 주민들은 관헌의 허락 없이는 바다로 나가는 것이 금지되었다. 이른바 '해금 정책'이 시행된 것이다.

갓 세워진 명나라에게, 통제되지 않는 연해 도서 지역의 사람들은 국가 사회질서를 어지럽힐 수 있는 잠재적인 위험 요소였다. 중국의 저장(浙江)·푸젠(福建) 지역은 이미 오래전부터 일본과의 해외무역이 이루어지던 곳이었다. 특히 송나라의 무역 상인들은 일본에 거점을 마련하고 이를 근거로 동아시아 해상을 오가며 활발하게 무역 활동을 펼쳤다. 이들을 지칭하는 '송상(宋商)'들은 고려에도 빈번히 드나들었다.

이와 같은 해상 네트워크의 존재는 고려의 왜구와도 관련지어 생각할 수 있다. 왜구가 한반도의 서해 연안 및 중국의 연안 지역을 헤매지 않고 정확하게 목표를 습격할 수 있었던 까닭도 여기서 찾을 수 있다는 주장이 있다. "서해를 활동의 장으로 삼았던 중국의 해민(海民)이 안내인으로서 왜구에 참가하고 있었던 것은 아니었을까?"

이와 관련해 고려 말 동아시아 해역 전반에 걸쳐 해상 네트워크가 존재했음을 엿볼 수 있는 사건이 있다. 1368년(홍무 1), 저장성 동북부의 저우산군도(舟山群島)에 근거지를 두었던 해상 세력에 의해 '난수산(蘭秀山)의 난'이 발생했다. 이 반란은 명나라 군대에 의해 곧 제압되었는데, 일부 사람들은 고려로 도망쳤다. 이들이 도망쳐서 처음 도착한 곳은 제주도였다. 이들은 제주도에서 해초를 사들인 뒤, 홍 만호(洪萬戶)의 배를 타고 육지로 건너갔다. 그 후, 전라도에 살던 같은 저장성 출신 사람들의 도움을 받아 개경과 고부(古阜) 등지에서 살게 되었다. 그런데 1370년, 명나라 조정에서 고려로 사신을 파견해 난수산의 난과 관련된 사람들을 체포해 명나라로 송환할 것을 요청했다. 고려는 명나라의 요청에 응해 관련자들을 체포해 명나라로 보냈는데, 그 무리가 백여 명에 달했다. 그런데, 그 과정에서 다시 일부가 도망쳐 증산의 고백일(高伯一) 일가가 이들을 도와 잠시 숨어 살기도 했다.

이 일련의 사건에서 주목할 점은 저우산군도의 해상 세력에는 고려인도 포함되어 있었다는 것과 전라도에 저장성 출신의 해상 세력이 존재했다는 부분이다. 또한 일부 난의 주동자들이 고려의 지방민이나 관리와 결탁해 고려에서 은거 생활을 할 수 있었다는 것과 고려의 고관이 난수산의 배를 사들였다는 것도 특기할 만하다. 이렇게 고려와 중국 출신의 사람들, 민(民)과 관(官)이 복잡하게 얽혀 있던 모습은 당시 동아시아의 해상 네트워크와 민간 교류의 단면을 잘 보여 준다고 할 수 있다.

동아시아의 해상을 무대로 한 왜구도 이와 같은 해상 교류의 일환에서 이루어졌다고 생각할 수 있다. 각 지역 해민들의 자유로운 교류와 협력이 존재했던 만큼, 왜구 역시 필요에 따라 이루어진 협력과 공존의 산물이라고도 할 수 있다. 일본인뿐만 아니라 중국이나 고려의 사람들이 함께 왜구 활동을 이루었을 가능성이 여기에 있다. 과거에 있었던 민간에서의 교류를 현재와 같은 국경이나 국가, 민족이라는 틀에 얽매여 접근해서는 그 본질을 제대로 파악할 수 없기 때문에 왜구를 바라볼 때도 주의가 필요하다.

그러나, 되풀이해서 말하지만 역사는 사료를 통해서 말해야 한다. 우리가 아는 한 고려 말, 고려에서 활동하던 왜구에 고려인이나 중국 출신의 사람들이 있었다고 기록되어 있는 사료는 없다고 해도 과언이 아니다. 따라서 함부로 일본인 이외에 고려인이나 중국인이 고려 말 왜구에 참가했다고 말해서는 안 된다.

다만, 잊지 말아야 할 것은 그 사료들이 모두 국가 혹은 정부(고려나 조선)에 의해 기록되었다는 점이다. 국가권력의 입장에서 왜구는 그야말로 왜구일 뿐, 그 안의 구성원이 어떻게 되어 있건 큰 상관이 없었다. 왜구는 국가의 안전을 위협하는 도적 집단이며 침략자였을 뿐이다. 그런 국가권력의 입장에 서서 기록된 사료만 가지고 왜구가 어떤 사람이었는지, 무엇이었는지를 밝히는 데는 한계가 있다는 것을 염두에 두어야 한다.

4장

열어진 그림자와 조선

조선은 이들에게 조선과의 통교 및 무역을 허락했고 쌀이나 여러 귀중품을 내려 주기도 했다. 조선에서도 왜구가 발생한 원인이 그들의 생활 환경 탓이었다는 것을 잘 알고 있었기 때문이다. 왜구였던 많은 사람이 점차 노략질 대신 무역을 위해 조선으로 향했다. 줄곧 권력과 통치 질서의 바깥에 있던 왜구가 혼란이 수습되어 가면서 그 질서 안으로 점차 들어온 것이다.

1. 조선의 건국과 왜구 진압을 위한 노력

위화도 회군 이후 고려의 정권을 장악한 이성계는 국가의 가장 기본이 되는 토지 제도의 개편 등 여러 개혁 정책을 실시했다. 이것은 당시 사회의 문제점을 해결하려는 목적 외에 새로운 왕조 건립의 기틀을 만들기 위해서이기도 했다. 고려 말 왜구가 맹위를 떨쳤던 이유 중 하나는 고려의 국내 정치가 혼란해져 국가의 기본을 이루는 토지 제도가 붕괴되고 그와 깊은 관련이 있는 지방의 군사 제도 및 방어태세가 해이해졌던 데 있었다.

토지 제도의 정비와 군비의 확충은 사회를 안정시키는 데 가장 중요한 요소였고 새로운 왕조를 여는 기반이 되었다.

그리고 왜구에게는 반대로 그 이전과 같이 방자하게 활동할 수 있는 환경을 제거하는 효과도 있었다. 이런 내부 개혁의 노력은 조선이 건국된 후에도 계속되었다.

외교를 통해 왜구를 방지하려는 노력 역시 계속되었다. 『태조실록』에는 기록되어 있지 않지만, 일본의 기록에 의하면 이성계는 왕위에 오른 해인 1392년 음력 11월, 무로마치 바쿠후에 사신을 파견해 왜구 금지를 요구했다. 당시 일본도 마침 정치적으로 큰 변화가 있었다. 그 직전인 음력 10월, 무로마치 바쿠후의 쇼군인 아시카가 요시미쓰[足利義滿]에 의해 남북조가 하나로 되었다.

아시카가 요시미쓰는 실질적인 일본의 최고 권력자가 되었고 규슈에서도 북부를 제압하고 있던 이마가와 료슌과 규슈 남부에서 이에 대항하던 기쿠치씨가 화의를 맺어 명목상으로는 규슈 전체도 무로마치 바쿠후의 지배하에 들어가게 되었다. 외국과의 통교에 적극적이었던 요시미쓰는 조선의 요구를 받아들여 규슈의 무사들에게 해적선을 금지토록 하고 포로로 잡혀간 고려(조선)인을 돌려보내는 한편, 조선으로 사신을 파견했다.

조선에서는 이후에도 계속해서 일본으로 사신을 파견해 왜구 금지와 잡혀간 사람들의 송환을 요청했다. 조선에서는 중앙정권인 무로마치 바쿠후에만 사신을 파견한 것이 아니라 왜구 방지에 실질적인 힘을 발휘할 수 있는 규슈를 비롯한 각 지역의 유력자들과도 교섭했다. 이전부터 협력적이었던 이마가와 료슌은 더욱더 적극적으로 조선의 요구에 응하며 그것을 대가로 조선으로부터 많은 것을 얻어 갔고 대장경과 같이 귀중한 물건을 조선에 요구하기도 했다.

료슌은 1395년(태조 4), 조선에 보낸 서신에서 "일기도와 대마도에 대해 힘을 다한 지 이미 오래되오나, 바다 가운데의 도둑이라 배로 집을 삼기 때문에, 바람이 부는 대로 따라 정착하여 일정한 곳이 없습니다. 그러나 오늘날은 옛날과 비교하여 도둑들이 10분의 8, 9는 감소되었으니…"라며 자신의 노력과 공적을 내세우기도 했다.

조선과 규슈 유력자 사이의 교섭은 1395년, 료슌이 규슈 단다이에서 파면된 후에도 계속되었다. 료슌이 교토로 소환되었을 때 그 빈자리를 노린 것은 오우치 요시히로[大內義弘]였다. 요시히로는 이미 고려 때부터 왜구 금지 요청에 누구보다도 적극적으로 나섰던 사람이다. 오우치씨는 그 시조가 백제의 왕자였음을 대내외적으로 내세우던 서일본 지역의 유력 집안이었다. 이 때문에 고려나 조선을 자신들의 종국(宗國)으로 여겼다고 한다.

요시히로는 1378년(우왕 4), 고려의 사신이 규슈로 파견되어 왜구를 금지해 달라고 요청하자, "우리의 군사를 선봉에 세우고 귀국의 군사가 뒤를 따르면 해적이 평정되는 데 부족하지 않을 것입니다"라고 말하고 고려 사신이 돌아갈 때 박 거사(朴居士)가 이끄는 병사 186명을 파견했다. 이 군대는 계림에서 왜구가 노략질할 때 전투에 나섰다가 고려군이 구원하지 않는 바람에 대패하여 겨우 50여 명만이 살아남았다.

그 뒤, 요시히로는 1395년(태조 4), 조선에 사신을 보내 통교를 시작하고 이후 빈번하게 조선에 사신을 파견해 왜구 금지 및 포로 송환에 적극적으로 나섰다. 그도 왜구 토벌의 대가로 대장경과 같이 귀중한 물건을 조선에 요청했는데, 특이하게도 자신의 선조가 백제의 왕자였지만 자세한 집안의 내력과 성씨를 모르니 그것을 조사해 알려 달라고 하면서 아울러 백제 지역의 토전(土田)을 내려 달라고 요청했다.

이에 대해서 정종(定宗)은 백제 왕실의 성인 고(高)씨와 함께 2백 결의 토지를 요시히로에게 주려고 했는데, 신하들은 토지를 주는 것에 크게 반대했다. 그해에 토지를 줄 것인가에 대해 명확하게 결론이 나지 않던 상황에서 요시히로가 바쿠후에 반란을 일으키고 결국 싸움에 져서 자살하는 바람에 이 문제는 자연스럽게 없던 일이 되었다.

료순과 요시히로는 왜구 방지에 자신들이 크게 공이 있다고 조선에 내세웠지만, 사실 이들에게는 한계점이 많았다. 남북조시대가 끝났다고 하지만 사실 규슈에서는 여전히 항쟁이 지속되고 있었다. 특히 왜구의 소굴이라고 지적되던 쓰시마섬이나·이키섬 등 '삼도(三島)의 왜구'가 근거를 두었던 지역은 바쿠후나 요시히로와 대립하던 쇼니씨의 영향력이 강했던 곳으로 그들의 통제권 밖에 있었다. 료순이 "도둑들이 10분의 8, 9는 감소"되었다고 말한 다음 해에 왜구에 의해 영해성이 함락되고 동래성이 포위되어 수군만호가 전사하는 등 왜구의 활동 횟수만 보면 그 이후가 오히려 더 많아지기도 했다.

이에 태조는 결단을 내려 1396년(태조 5), 음력 12월 3일, 김사형(金士衡)을 5도 도통사에 임명하고 5도의 병선을 모아 이키섬과 쓰시마섬을 정벌토록 했다. 다만, 조선군이 이키섬과 쓰시마섬을 실제로 공격했는지의 여부는 확실하게 알 수 없다. 이와 관련된 구체적인 기록이 없기 때문이다. 이후의 기록이라고는 다음 해 음력 1월 30일에 김사형이 돌아와 태조가 친히 홍인문(興仁門) 밖까지 나가 맞이했다는 것이 전부이다. 태조가 김사형을 크게 환영하고 며칠 뒤 특별히 잔치까지 베풀어 준 것은 정벌이 어느 정도 성과가 있었기 때문이라고 생각할 수도 있지만, 이와 관련한 일본의 기록이 없기 때문에 실제 공격으로까지는 이어지지 않았을 가능성이 있다.

태조 때의 쓰시마섬 정벌이 도중에 중단된 것이 아닐까 하고 생각하는 사람들이 그 이유로 드는 것 가운데 한 가지는 바로 이때 갑자기 왜구들이 조선에 항복해 왔기 때문이다. 쓰시마섬·이키섬으로의 원정군이 수도를 출발한 지 얼마 안 된 음력 12월 9일, 왜구의 배 60척이 축산도에서 항복의 의사를 알려 왔다. 왜구의 수장은 만호 임온(林溫) 등이었는데, 관찰사 한상질에게 편지를 보내 "우리들이 항복하고자 하오니, 만일 귀국에서 변방 한 곳을 허락해 주고 또 식량을 주면 우리들이 감히 두 마음을 품지 않을 것이며 또한 다른 도적들도 금하겠습니다"라고 말했다. '임온'은 후에 개명한 것으로 조선에 처음 왔을 때의 이름은 나가온(羅可溫)이었다.

이것은 조선의 장수들도 그들이 항복을 청해 온 것을 믿으려 하지 않을 정도로 뜻밖의 일이었다. 나가온의 왜구 무리는 한 달여 간 동해안을 돌아다니며 노략질을 하고 있었는데, 조선군은 이들과 싸워서 패하기도 했다. 태조가 왜구 소굴의 토벌을 갑자기 결정한 것도 이런 피해를 당하고 있었기 때문이었다. 태조는 이들의 항복을 받아들였다. 조선의 의사를 전해 들은 괴수 5명은 수백 명의 왜구를 거느리고 계림부윤 유양(柳亮)에게 항복하고 포로로 잡혀 있던 사람들을 돌려보냈다.

그런데 곧 문제가 발생했다. 다음 해 음력 1월 3일, 나가온이 그의 아들 도시로(都時老)와 반당(伴黨) 곤시라(昆時羅)를 볼모로 삼아 유양에게 보냈는데, 유양이 병으로 이들을 직접 맞이하지 않자 함정이라고 의심한 도시로 등이 지울주사(知蔚州事) 이은(李殷) 등을 납치해 쓰시마섬으로 도망가 버린 것이다. 이때 경상도 절제사였던 최운해는 명령을 거역해 이들이 도망치는 것을 놓쳐 버렸고 충청·전라·경기우도 절제사 등도 막지 못하자 김사형은 음력 1월 28일, 이들을 체포하고 긴급히 조정에 이들의 죄를 청했다.

태조는 그 한 달 전인 음력 12월 22일, 김사형에게 궁중의 술을 내려 주었다. 따라서 이때 김사형 등은 아직 조선 경내에 있었던 것이 된다. 그리고 음력 1월 3일 무렵과 28일에도 김사형을 비롯한 원정군은 경상도에 머물고 있었다. 세종 원년의 쓰시마섬 정벌이 14일간 이루어졌기 때문에 시간상 1월에 정벌이 이루어졌을 수도 있지만, 쓰시마섬으로 납치되었던 이은 등이 음력 2월 초 석방되어 돌아온 정황 등을 보면 실제 원정은 실행되지 않았을 가능성이 높다.

1392~1424년 조선·명의 왜구 침구 횟수[5]

시기			침구 지역	
조선	명	서기	조선	명
태조 1	홍무 25	1392	2	·
태조 2	홍무 26	1393	10	1(1)
태조 3	홍무 27	1394	14	2(2)
태조 4	홍무 28	1395	5	·
태조 5	홍무 29	1396	13	·
태조 6	홍무 30	1397	11	·
태조 7	홍무 31	1398	·	3(3)
정종 1	건문 1	1399	11	·
정종 2	건문 2	1400	·	·
태종 1	건문 3	1401	4	?(2)
태종 2	건문 4	1402	5	·
태종 3	영락 1	1403	8	1(0)
태종 4	영락 2	1404	6	3(3)
태종 5	영락 3	1405	·	·
태종 6	영락 4	1406	12	1(7)
태종 7	영락 5	1407	6	·
태종 8	영락 6	1408	7	1(0)
태종 9	영락 7	1409	2	2(1)
태종 10	영락 8	1410	·	2(1)
태종 11	영락 9	1411	·	3(4)

시기			침구 지역	
조선	명	서기	조선	명
태종 12	영락 10	1412	·	·
태종 13	영락 11	1413	·	2(2)
태종 14	영락 12	1414	·	·
태종 15	영락 13	1415	1	2(1)
태종 16	영락 14	1416	·	2(2)
태종 17	영락 15	1417	1	1(1)
태종 18	영락 16	1418	1	2(2)
세종 1	영락 17	1419	7	1(1)
세종 2	영락 18	1420	·	1(1)
세종 3	영락 19	1421	3	1(1)
세종 4	영락 20	1422	4	1(3)
세종 5	영락 21	1423	1	·
세종 6	영락 22	1424	2	1(1)

5 조선의 수치는 田中健夫, 『倭寇－海の歷史』, 教育社, 1982, 202쪽의 표, 명의 수치는 范中義·仝晰綱, 『明代倭寇史略』, 中華書局, 2004, 33쪽의 표에 의한 것이다. 괄호 안의 수치는 田中健夫, 『倭寇－海の歷史』, 教育社, 1982, 204쪽의 표에 의한 것이다.

2. 왜구의 변신

1397년(태조 6) 음력 2월 9일에 쓰시마섬으로 잡혀갔던 이은 등이 풀려나 돌아왔다. 그리고 얼마 지나지 않은 음력 2월 27일, 조선은 나가온의 아들 도시로에게 사정(司正), 곤시라·망사문에게는 부사정(副司正)의 벼슬과 관복을 내려 주었다. 지난 납치 사건이 도시로 등의 잘못이 아님을 조선에서 인정한 것과도 같은 조처였다. 아울러 이들을 적극적으로 회유하려는 조선의 의향이 잘 나타났다고도 할 수 있다.

나가온은 음력 4월 1일, 병선 24척을 거느리고 와 다시 항복하기를 청했고 그 후 서울로 올라가 태조를 알현했다. 태조는 나가온에게 선략장군(宣略將軍)의 직위를 수여했다. 그 뒤

나가온은 임온으로 개명하고 1411년(태종 11), 쓰시마섬으로 돌아갈 때까지 조선에 살면서 왜구 방비에 힘을 보탰다.

이렇게 조선에 항복한 왜구·왜인을 조선에서는 항왜(降倭)·투화왜인(投化倭人)·향화왜인(向化倭人) 등으로 불렀다. 항복해 온 왜인은 고려 때에도 있었지만 그때의 숫자는 얼마 되지 않았고 조선 건국 후에 급증했다. 조선은 왜구의 회유에 적극적으로 나섰다. 왜구에게 항복을 권유해 항복해 오면 토지 등 생활기반을 내려 주고 때로는 조선의 여성과 혼인시켜 조선의 백성으로 받아들이는 정책을 취했다.

특히 나가온처럼 왜구의 우두머리에게는 관직을 내려 우대했다. 1396년 음력 12월, 항복했던 왜구의 우두머리 구륙(疚六)이 그런 사례의 처음이며, 이후 항복해 오는 왜인이 속출했다. 조선에서는 이들을 각 지역에 분산해 배치했는데, 1410년(태종 10)에 경상도에만 거의 2천 명에 이르는 사람들이 있었다.

그러나, 조선은 이들에 대해 경계심을 늦추지 않았다. 각 지역에 분산해 배치한 것도 이들을 한곳에 모아 두지 않기 위해서였다. 또한 바다를 왕래하던 왜인들과 이들이 연합하여 다시 난리를 일으킬 것을 방지하기 위해 연해 지역에서 산간 지역으로 이주시키기도 했다. 특히 세종 원년 쓰시마섬 정벌을 앞두고는 귀화한 왜인들의 이름을 따로 등록해 밝히도록 해서

만일에 있을지 모르는 사태에 대비하기도 했다. 반면, 이들에게는 세금이 면제되고 식량이 주어지는 등의 특권도 주어졌는데 이것은 조선의 재정에 적지 않은 부담이 되었다.

왜구에 대한 또 하나의 회유책은 무역의 허가였다. 왜구의 활동이 줄어드는 것에 비례해 일본에서 조선으로 오는 사절이나 무역선은 점점 늘어났다. 일본에서 조선으로 사절을 보내오는 사람들은 바쿠후의 쇼군을 비롯해 오우치 요시히로·이마가와 료슌, 쓰시마섬의 소(宗)씨 등과 같이 규슈 및 서일본 지역의 유력한 수장들뿐만 아니라 그들에 예속되어 있던 신하나 유력 집안의 사람들, 혹은 상인이나 심지어 과거에는 왜구로 노략질을 벌이던 사람들도 있었다.

조선은 해상에서의 안정을 위해 이들에게 조선과의 통교 및 무역을 허락했고 쌀이나 여러 귀중품을 내려 주기도 했다. 조선에서도 왜구가 발생한 원인이 그들의 생활환경 탓이었다는 것을 잘 알고 있었기 때문이다. 왜구였던 많은 사람이 점차 노략질 대신 무역을 위해 조선으로 향했다. 일본으로부터 무역을 위해 조선으로 오던 배를 흥리왜선(興利倭船)이라고 불렀는데, 태종 때에는 경상도에 이르는 흥리왜선이 끊이지 않았고 일시에 수십 척이 오기도 할 정도였다.

문제를 해결하려면 문제가 발생한 그 근본적 원인을 해

결해야 한다. 우왕 초 등경광이 고려에 식량을 요구하며 항복했던 것과 마찬가지로 나가온 등이 조선에 제시한 항복의 조건은 '식량'과 '살 곳'이었다. 즉 왜구가 가장 필요로 했던 것은 안정적인 생활이었다. 이것이 보장되면 굳이 왜구라는 위험한 모험을 감행할 필요가 없었다.

통치 질서의 혼란을 틈타서 일어나, 줄곧 권력과 통치 질서의 바깥에 있던 왜구가 혼란이 수습되어 가면서 그 질서 안으로 점차 들어온 것이다. 나가온 등은 조선에 항복한 뒤 왜구나 해적을 토벌하는 일에 참여했고 어느 정도의 성과를 거두었다. 과거에는 조선이나 일본의 통치 권력으로부터 토벌의 대상이었던 그들이 이제는 통치 권력에 속하게 된 것이다. 조선으로서도 이들을 끌어안음으로써 왜구를 진정시킬 수 있었다. 이른바 조선과 왜구 사이에 기브 앤드 테이크의 관계가 맺어졌던 것이다.

왜구를 억제하기 위한 조선의 여러 정책은 효과가 있었다. 조선에서 왜구 문제는 점차 안정을 찾아갔다. 왜구가 완전히 사라진 것은 아니었지만 1409년(태종 9)부터 1419년(세종 1)까지 조선에서 왜구에 의한 직접 피해는 매우 제한된 것이었고 고려 말처럼 국가 운영에 타격을 줄 정도의 큰 고충은 더 이상 아니었다. 물론 불만이 있던 '전직 왜구'들도 있었다.

1407년(태종 7), 왜구 방비에 대해 경상도 병마도절제사가 올린 계책에는 쓰시마섬의 왜적들이 "조선에 가서 장사하여도 욕망에 차지 않으니, 우리 배를 수리해 변방을 침략하는 것만 같지 못하다"라며 모의하고 있다는 내용이 있다. 무역을 하더라도 제약이 있으니 원하는 것을 자유롭게 얻지 못하고 약탈이라면 밑천도 들지 않으니 과거의 노략질에 다시 관심을 갖게 되는 것은 자연스러운 일일 수도 있다. 실제로 과거의 왜구들이 무조건적으로 모두 평화로운 통교자로 변신한 것은 아니었다.

특히 중국 쪽이 그랬다. 조선은 안정을 찾아가던 반면 중국은 사정이 더 나빠졌다. 이것은 일본에서의 정치 변화와도 관련이 있었다. 무로마치 바쿠후의 쇼군 아시카가 요시미쓰는 명나라와의 통교에 적극적으로 나서서, 1404년, 영락제로부터 '일본 국왕'에 책봉되었다. '일본 국왕'이 된 요시미쓰는 명나라에서 요구하는 왜구 진압에 적극적으로 나서서 서일본 지역의 해적을 체포하고 유력 호족에게 관할 지역의 해적 단속을 수차례 명령했다. 요시미쓰는 명나라와의 조공무역을 통해 큰 이익을 얻었는데, 해적 단속은 무역의 독점과도 무관하지 않은 조처였다.

그런데, 요시미쓰가 1408년에 사망하고 그의 아들 요시모치[義持]가 뒤를 이으면서 상황이 변했다. 요시모치는 명나라와의 책봉 관계에 반대하는 주위의 의견을 따라 1411년, 명나라에서 파견된 사신을 수도에 받아들이지 않는 등 책봉 관계를 부정하는 태도를 취했다. 바쿠후의 태도가 변하자 한동안 잠잠했던 중국 대륙으로의 왜구 활동이 다시 활발해졌다. 더군다나 그 이전에 비해 규모도 더 커지고 대담하게도 명나라의 방어거점을 직접 공격하는 경우도 늘어났다.

한반도와 중국 대륙에서 활동한 왜구는 기본적으로 한 본체의 사람들이었다. 같은 시기에 조선과 명나라에서 왜구의 양상이 다르게 나타난 것은 왜구의 본체를 이룬 사람들이 처해 있던 상황을 통해 이해할 수 있다. 조선이 시행한 회유책은 그들이 굳이 모험적인 해적 활동을 하지 않더라도 어느 정도의 욕구를 해소시켜 주었다.

반면 명나라와의 통교와 조공무역을 통한 이익의 대부분은 권력자인 바쿠후나 영주 층에 집중되었을 뿐이었다. 왜구들이 명나라로의 해적 활동을 멈추었던 것은 바쿠후 등 권력자 측이 자신들의 이익을 위해 왜구 참여자들을 탄압하고 명나라로의 해적 활동을 엄격히 금지했기 때문이었다. 명나라에 대한 권력자의 방침이 변하고 제재가 느슨해지자 왜구들은 그들의 욕구를 충족시키기 위해 다시 중국 대륙으로 향했던 것이다.

왜구에서 상인과 같은 평화적 통교자로, 그리고 다시 왜구로. 왜구의 변신은 시대의 흐름 속에서 거듭되었다.

3. 왜구의 '최대' 소굴 – 쓰시마섬

고려에 왜구로 건너왔던 사람들은 규슈 북부의 도서·연해 지역 사람들이 중심이었다. 그중에서도 한반도와 가장 가까운 거리에 있는 쓰시마섬은 가장 대표적인 '왜구의 소굴'이었다. 쓰시마섬은 전체의 97%가 산지로 농사를 지을 수 있는 땅이 별로 없다. 섬 대부분은 산지가 이어져 있어서 마을은 대부분 해안가의 작은 평지에 군데군데 퍼져 있다. 게다가 험한 지형과 복잡한 해안선 때문에 마을을 연결하는 섬 안의 육상교통도 매우 불편하다. 이런 자연환경 탓에 쓰시마섬은 과거부터 곡물 식량의 자급이 어려웠다.

반면, 섬 곳곳에는 안쪽 깊숙이까지 바닷물이 들어오는

곳이 많아 배의 정박에 적합한 곳이 많다. 특히 섬 중간의 아소만(浅茅灣)은 주위가 육지로 둘러싸여 있어서 거친 현해탄과 달리 마치 호수처럼 잔잔하다. 중세의 쓰시마섬에는 행정구역이 8군(郡)으로 나뉘어 있었는데, 이와 관련해 쓰시마섬에서는 주변 바다를 '팔해(八海)'라고 불렀다. 농업생산력이 매우 부족한 쓰시마섬에서 이 '팔해'는 사람들의 중요한 생활 터전이었다.

신숙주가 1471년(성종 2)에 지은 『해동제국기』에는 쓰시마섬에 대해 "4면은 모두 돌산(石山)이며 땅은 마르고 백성은 곤궁하다. 소금 굽는 일과 어업, 상업을 생업으로 한다"라고 쓰

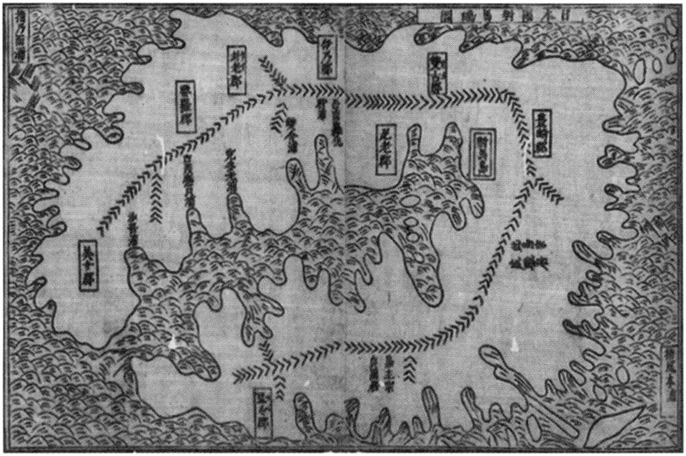

신숙주, 『해동제국기』, 〈일본국대마도도〉

깊이 들어가 있는 아소만(저자 촬영)

고 있다. 신숙주가 일본에 갔던 것은 1442년(세종 25)인데, 이 무렵은 조선으로의 왜구가 거의 진정되었던 때로 쓰시마섬은 도주를 비롯해 많은 사람이 조선과 통교 관계를 맺고 있었다. 쓰시마섬 사람들은 교역품으로 소금과 생선을 조선에 가져와 곡물 등으로 교환해 갔다. 그리고 한반도와 일본 열도, 멀리는 오키나와까지도 나아가 교역 활동을 펼쳤다. 어업과 바다를 통한 주변 지역과의 교류는 그들의 생존과 불가분의 관계에 있었던 것이다.

쓰시마섬의 사람들이 왜구가 되어 고려를 습격하게 된

것도 식량 자급이 되지 않았던 현실 등의 경제적 후진성이 가장 큰 요인이었다. 쓰시마섬에서 한반도 남부까지의 거리는 규슈의 본토보다 가깝다.

『세종실록』에 의하면 부산포에서 쓰시마섬 북부까지 순풍이면 하룻길, 섬 중간까지는 이틀 길이라고 할 정도의 거리였다. 이 같은 지리적 인접성 때문에 쓰시마섬 사람들은 한반도 연안까지 와서 고기잡이하는 일이 빈번했다. 또한 어업을 비롯해 한반도 연안 지역 주민들과의 사이에서 일상적인 교류도 이어졌다. 이들이 갑자기 해적으로써 노략질을 하게 된 직접 계기는 확실하지 않지만, 고려의 통치체제 문란과 군사력 약화가 그들을 폭력적 행동에 나서게끔 부추겼을 가능성이 높다.

쓰시마섬의 왜구 활동은 13세기부터 나타난다. 1263년(원종 4) 8월, 홍저(洪泞)와 곽왕부(郭王府) 등이 일본에서 돌아와 보고하며 "해적을 끝까지 추적해 보니 바로 대마도의 왜였습니다. 쌀 20석, 귀밀(馬麥) 30석, 소가죽 70장을 징발해서 가지고 왔습니다"라고 하였다. 그리고 고려 말 대규모의 왜구 역시 주로 쓰시마섬에서 왔다. 1377년(우왕 3) 3월, 경상도 원수 우인열(禹仁烈)은 "왜적이 대마도로부터 바다를 덮고 오는데, 돛과 돛대가 서로 바라보고 있을 정도"라고 보고했다.

1366년(공민왕 15), 고려에서 왜구의 단속을 일본에 요청했을 무렵, 쓰시마섬의 실질적 지배권을 확립한 것은 소 쓰네시게[宗経茂]였다. 그는 고려의 요청에 응해 1368년, 소씨로는 처음으로 고려에 사신을 보내 고려와의 통교가 시작되었다. 고려의 기록에는 소 쓰네시게를 '대마도의 만호 숭종경(崇宗慶)'이라고 적었는데, 고려에서는 이에 대한 답례로 그에게 쌀 1천 석을 하사했다.

고려시대 농가의 5인 가족이 소비하는 1년 치 식량이 9.6석, 일본 에도시대 성인 한 명의 1년 쌀 소비량이 1.8석 정도였는데, 이를 기준으로 삼으면 대충 따져도 쌀 1천 석은 5백여 명의 1년 치 식량에 해당하는 분량이다. 처음으로 사신을 보내온 쓰시마섬의 실권자에게 고려에서 이렇게 많은 식량을 준 것은 왜구를 단속해 줄 것이라는 기대와 함께 그들이 무엇을 원하는지 잘 알고 있었기 때문일 것이다.

그렇지만, 쓰시마섬과의 통교는 그 이후에는 이어지지 않았다. 평화적 통교가 재개된 것은 1397년(태조 6), 이은 등이 쓰시마섬으로 납치된 사건을 계기로 조선 조정에서 쓰시마섬의 수호(守護)에게 사신을 파견하면서부터이다. 이렇게 오랜 기간 통교가 맺어지지 못한 것과 쓰시마섬으로부터의 왜구가 창궐한 것은 쓰시마섬 내부의 사정과 관련이 있었다.

쓰시마섬 내부에서는 도주인 소씨 집안 내에서도 권력 다툼이 있었고 또한 소씨에 대항하는 호족들도 존재했다. '도주'는 섬 내부를 완전히 통제할 수 없었고 어떤 시기에는 실권을 빼앗긴 적도 있었다. 정식 통교를 한다고 하더라도 통제 밖에 있던 사람들이 제멋대로 바다를 건너가 노략질하는 것을 막을 수 없는 상태였던 것이다.

외교를 통한 평화적 방법만으로는 왜구 문제가 해결되지 않았다. 그리고 노략질하러 들어온 왜구에 맞서서 이를 물리치는 것만으로 해결되는 것도 아니었다. 왜구 근거지가 쓰시마섬이라는 것을 잘 알고 있던 고려에서는 마침내 그 근거지를 직접 공격하는 방안을 모색하기에 이른다.

1387년(우왕 13) 음력 8월, 정지는 왜구의 근거지 정벌을 자청하며 "왜는 온 나라가 도적인 것은 아니라 그 나라에서 반란을 일으킨 민들이 대마도와 일기도 두 섬에 나누어 근거하여 합포에 이웃해 있으면서 수시로 침입하여 노략질하는 것입니다. 만약 죄를 성토하고 군사를 크게 일으켜 그 소굴을 뒤엎는다면 변방의 근심은 영원히 제거될 것입니다"라고 주장했다. 그리고 이것은 실행에 옮겨져 1389년(창왕/공양왕 1) 음력 2월, 박위가 병선 백 척으로 쓰시마섬을 공격해 왜선 3백여 척과 집들을 불태우고 포로 백여 명을 찾아 돌아왔다.

이에 대해 창왕은 왜구가 들어와 약탈을 자행한 지 40년 만에 "국가의 치욕을 씻고 신민의 원수를 갚을 수 있었다"라며 크게 기뻐했다. 후에 공양왕도 박위가 쓰시마섬에서 세운 공은 '신사년의 정벌'(1281년 여몽연합군의 제2차 일본 원정)보다 더 빛난다며 추켜세웠다. 박위의 쓰시마섬 정벌에 대한 기록은 매우 간략하고 이 사건과 관련해 그 시기 일본의 기록이 없기 때문에 그 상세한 내용을 알 수는 없다. 박위가 원정에서 돌아왔을 때 당시 사람들은 "박위는 단지 오두막집과 배를 불태웠을 뿐, 사실 포로로 잡은 이들이 없다"라고 여겼다고 한다. 이런 당시 사람들의 반응이나 일본에서 특별히 이에 대해 기록한 것이 없기 때문에 실제 성과는 크지 않았을 수도 있다.

그런데 그해 음력 8월, 유구국(琉球國, 현재의 오키나와)의 중산왕(中山王) 찰도(察度)가 신하를 칭하며 사신을 보내왔는데, 공물 외에 왜구에게 사로잡혀 갔던 사람들을 송환해 왔다. 전라도 도관찰사의 보고에 의하면 유구국 왕은 고려가 쓰시마섬을 정벌했다는 소식을 듣고 사신을 파견해 왔다고 한다. 고려의 쓰시마섬 정벌이 멀리 오키나와까지 알려질 정도였다는 것인데, 그렇다면 이 정벌로 인해 적지 않은 파급력과 영향이 있었다고도 추측할 수 있다.

박위의 쓰시마섬 정벌 이후 왜구가 완전히 사라진 것은

아니었지만, 그 이전과 비교하면 규모와 횟수가 줄어든 측면이 있다. 물론 왜구가 점차 수그러든 것은 앞에서도 지적한 것처럼 여러 정책이 어울려 효과를 나타냈기 때문이었다. 그중에서도 한·중·일의 세 지역 모두 혼란기를 벗어나 점차 안정을 찾아갔던 것이 크게 작용했다. 그 무렵 쓰시마섬에서도 점차 소씨가 지배권을 확립해 갔다.

왜구는 동아시아 세계의 혼란과 변화의 시기에 나타나 극성을 이루었다. 고려의 말기적 상황, 일본의 남북조시대, 중국의 원명교체기라는 기존의 질서 체계가 무너지고, 강력하고 통일된 권력이 부재한 틈을 타 왜구는 동아시아의 그림자에서 주역 아닌 주역으로까지 되었다.

그러나 혼란스러웠던 동아시아 삼국의 내부질서가 회복되고 이를 바탕으로 동아시아의 새로운 국제질서가 정립되면서 왜구도 점차 그 질서 안으로 편입되어 갔다. 통치 권력의 강화와 안정하에서 왜구는 더 이상 존립하기가 어려워졌던 것이다. 권력이라는 태양 빛이 강해질수록 그림자는 옅어질 수밖에 없었다.

4. 리멤버! 1419!

역사에는 기억해 두어도 좋을 만한 숫자가 있다. 기원전 2333, 1919, 1945 등은 외우기도 쉽고 한국인에게는 의미 깊은 연도이기에 많은 사람이 기억할 것이다. '왜구사'에서 기억할 만한 숫자라면 단연코 1419이다.

중국과는 달리 조선에서는 조심스러웠던 왜구가 다시 큰 문제가 되었던 것은 1419년(세종 1) 음력 5월 5일, 충청도의 비인현(庇仁縣) 도두음곶(都豆音串)에서 왜선 50여 척이 갑자기 조선의 병선을 공격하면서부터이다. 왜구는 조선의 병선 7척을 탈취해 불살랐고 조선군의 태반이 목숨을 잃었다. 왜구들은 기세를 몰아 상륙해 현성(縣城)을 포위하고 성 밖의 민가를 노략질해 개와 닭이 거의 없어질 정도였다. 성은 함락의 위기에 처했으나 조선군이 필사적으로 방어해 왜구가 물러났다.

이 소식을 들은 상왕 태종과 세종은 크게 놀랐다. 그동안 왜구가 큰 문제를 일으키지 않았기 때문이었다. 이 사건이 있기 전 왜구가 나타났다는 보고가 전라도와 충청도로부터 잇달아 전해졌지만 조선 조정에서 대수롭지 않게 여긴 것도 왜구가 문제를 일으킬 것이라고까지는 생각하지 않았기 때문이었을 것이다. 사건이 터지자 조선 조정은 방비를 게을리했다는 책임을 물어 담당자를 참형에 처했다. 그런데 문제는 여기서 끝나지 않았다.

며칠 뒤인 음력 5월 11일, 이번에는 황해도 해주의 연평곶(延平串)에 왜선 38척이 나타나 조선의 군선을 포위하고 양식을 반강제로 빼앗아 가는 일이 발생했다. 잇달아 발생한 왜구 사건에 태종과 세종의 근심은 더욱 커졌다. 황해도에서 보고가 전해지자 그들은 긴급히 방어태세를 강화하고 중신을 불러 그날 밤늦게까지 쓰시마섬을 공격하고 적의 반격에 대비할 계책을 비밀리에 의논했다. 그리고 바로 그다음 날, 두 왕은 쓰시마섬 공격에 대해 조정에서 이를 공론에 부쳤다. 대부분의 신하가 쓰시마섬 공격에 반대했지만, 태종은 이미 전날 마음을 굳혔던 것 같다. 반대 의견 속에서 그는 이렇게 자신의 의지를 나타냈다.

> “오늘의 논의가 어제 계책한 것과 다른데, 만약 물리치지 못하고 항상 노략질만 당한다면 한나라가 흉노에게 욕을 당한 것과 무엇이 다르겠는가? 그러므로 허술한 틈을 타서 쳐부수는 것만 같지 못하다. 그들의 처자식을 잡아 오고, 우리 군사는 거제도에 물러 있다가 적이 돌아옴을 기다려서 요격하여, 그 배를 빼앗아 불사르고, 장사하러 온 자와 배에 머물러 있는 자는 모두 구류(拘留)하고, 만일 명령을 어기는 자가 있으면 베어 버리고, 규슈에서 온 왜인만은 구류하여 경거망동하는 일이 없게 하라. 또한 우리가 약한 것을 보이는 것은 불가하니, 후일의 근심거리가 어찌 끝이 있겠는가?”
>
> —『세종실록』, 세종 1년 5월 14일 무오 4번째 기사

이런 태종의 강력한 의지에 의해 쓰시마섬 정벌은 해주의 연평곶 사건이 발생한 지 불과 사흘 뒤인 음력 5월 14일, 전격적으로 결정되었다. 태종은 이종무를 총사령관으로 하고 경상·전라·충청의 3도 병선 2백 척과 병사들을 동원해 쓰시마섬

원정군을 꾸리는 한편, 조선에 살고 있던 왜인들의 불순한 행동을 우려해 몇몇 흉악한 자들은 처형하고 경상도에 거주하던 왜인 약 6백 명을 다른 지역으로 나누어 살게 했다.

또한 대외적으로는 소 사다모리[宗貞盛]의 사자와 규슈 단다이[九州探題, 규슈의 통치를 위해 무로마치 바쿠후가 설치한 기관 및 그 직책] 시부카와 미쓰요리[渋川満頼]의 사절단에게 비인현 사건을 일으킨 '쓰시마섬 도적'의 죄상을 밝히고 그 징벌을 천명하여 쓰시마섬 정벌의 정당성을 확보하고자 했다.

그런데, 비인현에 나타났던 왜구들이 본래 약탈의 목표로 삼았던 것은 조선이 아니었다. 연평곶에서 조선 병선과 대치하며 조선 측에 양식을 구하던 왜구는 다음과 같이 항변했다.

> "우리들은 조선을 목적으로 온 것이 아니라, 본래 중국을 향해 가려고 했으나, 마침 양식이 떨어졌으므로 여기에 왔다. 만일 우리에게 양식을 주면 우리는 곧 물러가겠으며, 전 일에 도두음곶이에서 싸움한 것은 우리가 먼저 친 것이 아니라, 도리어 그대 나라 사람들이 우리들을 하수(下手)하기에 부득이 응했을 뿐이다."
>
> —『세종실록』, 세종 1년 5월 13일 정사 3번째 기사

이들은 본래 조선에서 노략질할 의도가 없었고 목표로 한 곳은 어디까지나 중국(명)이었다는 것이다. 이 말이 사실일 가능성도 높다. 이 무렵 왜구는 조선에서는 문제를 일으키지 않았고 중국 대륙에서 약탈 활동을 했으며, 연평곶의 왜구는 그들의 말처럼 그 후 조선에서는 더 이상 문제를 일으키지 않고 바로 바다를 건너 중국 대륙으로 향했기 때문이다.

일본에서 중국 대륙으로 가는 왜구들의 항로는 크게 세 가지 경로가 있었는데, 명나라 초기의 경우에는 한반도 남해안을 거쳐 서해안으로 북상한 뒤에 서해를 건너 산둥이나 랴오둥(遼東) 지역으로 가는, 고대부터 이용된 가장 안전성이 높은 항로가 이용되는 경우가 많았다. 이때의 왜구도 바로 이 항로를 이용해 중국으로 향했던 것이다.

그리고 이보다 앞서 비인현에서 조선군에 사로잡힌 왜구도 다음과 같이 말했다.

> "나는 대마도에 사는 사람으로 섬사람들이 다 굶게 되어, 배 수십 척을 가지고 절강(浙江) 등지에서 노략질하려고 했으나, 단지 양식이 떨어져서 우선 비인(庇仁)을 털었다. 다음에 해주에 와서 도적질할 것을 엿보며, 물을 길으려고 조그만 배에 타고 언덕에 오르다가, 뜻하지

않게 관병(官兵)에게 사로잡혔다. (우리들의) 괴수(魁首)는 도두음곶이를 털 때, 만호의 화살에 맞아 죽었다."

—『세종실록』, 세종 1년 5월 10일 갑인 7번째 기사

이 진술은 왜구 스스로가 자신의 정체, 목적, 목표 지역을 밝히고 있는 극히 드문 예이다. 그의 말에 따르면 당초 비인현의 왜구도 쓰시마섬 사람들이 식량을 구하기 위해 중국으로 향했던 것이 근본 목적이었다. 아울러 후에 일본에 포로로 잡혀갔다가 돌아온 사람의 말에 의하면 비인현 사건의 왜구는 쓰시마섬과 이키섬의 사람들로 이루어져 있었다고 한다.

이렇게 왜구가 스스로 밝힌 사실을 통해 그 무렵 중국 대륙에서의 왜구에 대해 몇 가지 중요한 사항을 알 수 있다. 먼저 그들이 목표로 삼은 지역을 저장이라고 했는데, 영락 연간(1403~1424) 왜구들의 주 활동지는 그의 말처럼 중국의 경제적 요충지이며 곡창지대인 저장성을 중심으로 하는 동남 연안이었다. 만성적으로 식량 사정이 좋지 않던 규슈의 도서 지역 사람들이 왜구가 되어 식량의 노략질에 나섰다고 생각할 수 있다.

그리고 그들의 '괴수'가 죽었음에도 다른 왜구들은 해주로 북상한 뒤 중국으로 향하며 활동을 계속했던 것을 보면 여

기서의 '괴수'는 작은 집단을 이끌었던 우두머리를 뜻하는 것으로 50여 척에 이르는 '대왜구'는 쓰시마섬과 이키섬의 여러 작은 무리들이 연합해 이루어졌다고 짐작할 수 있다. 중국에서는 노략질을 하면서도 조선에는 피해를 주지 않던 왜구가 1419년, 조선에서 문제를 일으켰던 것은 쓰시마섬의 내부 사정과 관련지을 수 있다.

그 전해인 1418년, 조선의 정책에 적극적으로 협력하며 왜구 억제에 힘을 쓰던 소 사다시게[宗貞茂]가 죽고 그의 아들 사다모리가 뒤를 이었다. 그러나 사다모리의 통치기반은 아직 약했고 실권은 유력 호족으로 조선에서 돌아온 소다 사에몬타로[早田左衛門大郞] 등이 쥐고 있었다. 소다 사에몬타로는 조선에 투항했다가 쓰시마섬으로 돌아간 나가온이다. 그는 본래 왜구의 수령이었던 인물이기도 하다. 이런 쓰시마섬의 정세로 도민들에 대한 통제는 이전과 같이 충분하게 이루어지지 않았을 가능성이 크다.

전격적으로 쓰시마섬 정벌을 결정한 뒤, 음력 6월 9일 태종은 쓰시마섬 정벌의 의도를 내외에 천명했다. 그리고 그 열흘 뒤인 음력 6월 19일, 쓰시마섬 원정군은 거제도를 출발했다. 병선 227척, 병사 17,285명의 대규모 원정군이었다. 20여 년 전, 고려의 국력을 총동원했다고 할 수 있는 요동 정벌에 동원된 실제 병력은 4만여 명 정도였다. 그것과 비교해 생각하면 그 절반에 가까운 병력을 동원해 쓰시마섬 원정을 실행한 조선 내지는 태종의 각오가 보통이 아니었음을 헤아려 볼 수 있다.

조선군은 한 달 이상의 장기전이 될 것으로 예상해 65일분의 식량을 휴대하고 있었다. 출발 다음 날인 20일, 먼저 원정군의 선박 10척이 오자키[尾崎] 연안에 도착했다. 오자키는 소다씨의 세력 기반이었던 곳이다. 이때 그 지역 사람들은 조선의 병선을 약탈 뒤에 귀환하는 '왜구의 선박'이라고 오해해 술과 고기를 준비하고 이들을 기다리고 있었는데, 조선의 대군이 속속 도착하자 놀라서 황급히 도망쳤고 주민 중 항전한 사람들은 50여 명에 불과했다고 한다.

쓰시마섬에 상륙한 조선군은 도주 소 사다모리에게 항복을 권하는 편지를 보냈으나 답변이 없었다. 이에 조선군은 본격적인 군사 행동에 나섰다. 먼저 섬 안을 수색해 크고 작은 배 129척을 빼앗아 그중에 사용 가능한 20여 척 외에 나머지는 모두 불태웠다. 그리고 민가 1,939호를 불태우고 104명을 살해, 21명을 포로로 잡았다. 또한 왜구에게 잡혀온 중국인 131명을 찾아내는 성과도 거두었다.

조선의 장군들은 이들 중국인들로부터 쓰시마섬은 기갈(飢渴)이 심하고, 급박한 상황 속에 쓰시마섬 사람들은 부자라고 하더라도 식량을 겨우 한두 말 정도만 가지고 도망갔기 때문에 오랫동안 포위하면 굶어 죽을 것이라는 말을 들었다. 이에 조선군은 쓰시마섬의 동과 서를 연결하는 요충지인 후나코시[船越]로 진군하여, 방책을 설치해 교통을 차단하고 오래 머무를 태세를 보였다.

그 후 이종무는 다시 장군들을 보내 섬 안을 수색하여 가옥 68호와 선박 15척을 불태우고 조선인 8명, 중국인 15명을 구출했다. 26일, 조선군은 아소만 안쪽의 니이군[仁位郡]으로 진군해 군대를 삼군(三軍)으로 나누어 상륙했다. 그런데 먼저 상

와타쓰미 신사의 도리이(저자 촬영). 사진의 건너편이 격전이 벌어졌던 지역이다

륙한 박실(朴實)의 좌군(左軍)이 누카다케[糠嶽]에서 쓰시마섬의 복병에게 패하여, 백수십 명이 죽고 여러 명의 장수가 전사했다. 이순몽이 이끌던 우군(右軍)도 공격을 받았는데, 힘껏 싸워 적을 물리쳤지만 결국 이종무가 직접 지휘한 중군(中軍)은 상륙하지 못했다.

후대에 쓰시마섬에서 편찬된『대주편년략(對州編年略)』에는 이때 쓰시마섬 측의 전사자가 123명, 조선 측의 손해는 2,500여 명에 달한다고 기록되어 있는데, 쓰시마섬 원정에서 조선군의 전사자가 총 180명이라는『세종실록』의 기사와 비교해『대주편년략』은 조선군의 피해를 지나치게 과장한 측면이 있다. 반면, 쓰시마섬의 전사자가 123명이었다는 기록은 반대로 생각하면 최소한의 수치라고도 볼 수 있는데, 여하튼 결과적으로 양측에서 각각 백수십 명의 전사자가 발생한 상당한 격전이었다.

이 전투 직후, 조선군이 섬에 오랫동안 머물 것을 두려워한 소 사다모리는 조선군의 철병과 수호를 요청해 왔다. 이때 사마모리는 음력 7월 중에는 항상 풍변(風變)이 있으므로 오래 머무르는 것은 조선군의 안전에도 좋지 않다는 말을 덧붙였다. 실은 아직 조선 조정에 쓰시마섬에서의 패전이 전해지기 전이었던 음력 6월 29일, 태종이 이종무에게 내린 교지에는 공교롭게도 투항해 오는 자는 모두 받아들이고 음력 7월에는 폭풍이 많으니 해상에 오래 머물지 말라는 내용이 들어 있었다. 비슷하게 받아들여질 수 있는 쓰시마섬 측의 요청과 태종의 교지에 따라 음력 7월 3일, 이종무 등은 군대를 이끌고 거제도로 귀환했다.

조선군으로서도 예상치 못한 꽤 큰 피해를 입었으나 쓰시마섬 원정은 적지 않은 성과를 거두었다고 할 수 있었다. 그렇지만, 처음 목표로 한 또 하나의 과제가 여전히 남아 있었다. 명나라로 갔던 왜구의 본대가 귀환할 때 이를 맞아서 격파해야 하는 문제였다. 그런데 쓰시마섬의 원정군이 거제도로 귀환한 음력 7월 3일, 서해 소청도(小靑島) 해양에 중국에서 돌아오던 왜구 수십 척이 출몰했다.

이어서 그다음 날인 음력 7월 4일에는 왜구가 황해도에서 충청도로 내려와, 2척의 배로 충청도 태안반도의 안흥량(安興梁)에서 전라도의 공선 9척을 노략질하고 쓰시마섬으로 가버린 일이 발생했다. 이로 인해 태종은 음력 7월 7일 쓰시마섬으로의 재정벌을 명령했다. 그렇지만 막 귀환한 병사들의 사기와 선박·장비의 파손, 기후 등을 이유로 들며 반대하는 신하들의 의견이 만만치 않았다.

그런데, 조선의 원정군이 쓰시마섬 정벌에 나서기 전이

었던 음력 6월 초, 명나라에서도 왜구와 관련한 중요한 사건이 발생했다. 황해도에서 바다를 건너 명나라로 향한 왜구 선단은 음력 6월 4일, 산둥 금산위(金山衛)의 주변 해상에 나타났다. 당시에는 보통 서해를 건너 산둥으로 간 왜구는 저장성을 향해 남쪽으로 항해해 가는 것이 보통이었다. 조선군에 포로로 잡힌 왜구가 말했던 목적지도 저장성이었다.

하지만 왜구가 다시 모습을 나타낸 곳은 다소 의외의 장소라고 할 수 있는 북쪽에 위치한 랴오둥의 망해과(望海堝)였다.

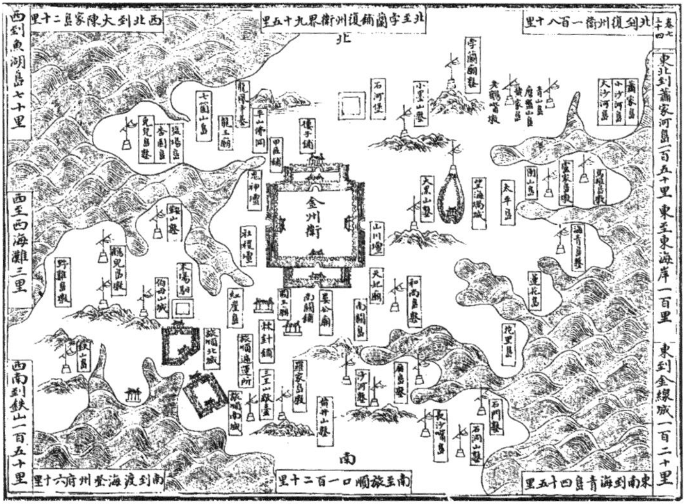

『주해도편』의 금주위 및 망해과성 지도

그 이전에 왜구가 랴오둥을 공격했던 것은 단 두 번이었을 뿐으로 랴오둥은 왜구가 주로 노략질하던 지역이 아니었다.

이때 왜구가 남쪽이 아닌 북쪽의 랴오둥으로 향했던 것은 자신들에 대한 정보가 조선에서 명나라로 전달되었을지도 모른다는 염려에서였을 수도 있다. 만약 그렇다면 왜구들의 노림수는 도리어 역으로 작용한 게 된다. 망해과를 지키던 도독(都督) 유영(劉榮)이 왜구의 공격에 대비해 충분한 방비태세를 갖추고 있었기 때문이다. 이미 음력 4월에 왜구가 기근이 심해 변경을 침범하려고 한다는 경고가 조선에서 명나라로 전해졌고, 이를 토대로 명나라 조정은 유영에게 방비를 철저히 하라고 명령을 내린 직후였다.

기록에 따라 차이가 있지만 망해과 앞바다에 나타난 왜구는 왜선 20~30척, 2천여 명의 규모였다. 유영은 이들을 공격해 천여 명을 죽이고 130명을 생포하는 등 거의 전멸에 가까운 큰 타격을 주었다. 이 '망해과 대첩'은 명나라 초기의 왜구 방어전에서 최대의 대첩으로 꼽힌다. 이를 계기로 명나라에서도 점차 왜구가 줄어들고 대규모 왜구도 발생하지 않게 되었다는 평가도 있다.

그런데, 그 후 명나라에서 왜구 활동이 크게 위축되었던 것은 망해과 대첩으로 왜구 본대가 큰 타격을 입음과 거의 동시에 왜구의 근거지인 쓰시마섬이 공략을 당한 것과도 큰 관계가 있다. 1419년 음력 6월은 군사적으로 왜구에게 괴멸적인 타격을 안겨 준, 역사적인 "그 날"이었다.

조선 조정에서 논의되던 쓰시마섬 재정벌 계획은 '망해과 대첩'의 소식이 전해지면서 중단되었다. 명나라에서 돌아올 왜구들이 이미 큰 타격을 받았기 때문에 굳이 이들을 공격하기 위한 쓰시마섬으로의 재정벌이 불필요해진 것이다. 이로써 애초에 계획했던 왜구가 쓰시마섬을 비운 사이에 그 본거지를 공략하고 명나라에서 돌아오는 왜구에게 큰 타격을 주려던 두 개의 큰 목표는 모두 직간접적으로 어느 정도 성과를 이룬 것이 되었다.

군사 행동이 끝난 뒤, 왜구 문제 해결과 앞으로의 관계들을 정립하기 위한 외교교섭이 뒤따랐다. (이 과정에서 등장하는 '쓰시마섬 귀속 문제', "쓰시마섬은 조선의 영토였는가?"에 대한 내용은 여기서 굳이 다루지 않겠다) 조선은 왜구를 평화적 내왕자로 끌어안기 위해 그들에게 각종 혜택을 주면서도 일정한 제약을 두는 것을 잊지 않았다.

이후 왜구와 직간접적으로 관계가 있던 쓰시마섬 및 규슈 일대의 여러 사람이 '평화적으로' 조선에 빈번하게 드나들고 일부는 조선에 거주하기도 했다. 간혹 이들과의 사이에 트러블

이 발생하기도 했으나 과거와 같은 왜구 사건은 점차 사라지게 되었다. 조선에서 왜구가 종식되어 간 것은 무력과 회유책, 외교교섭이 적절히 활용된 종합적인 결과였던 것이다.

5. 태종이 쓰시마섬을 정벌한 속내는 무엇이었나?

1419년은 세종 원년이지만, 국내외의 중요한 문제, 특히 외교와 군사 문제는 여전히 상왕인 태종이 결정하고 있었다. 쓰시마섬 원정도 태종의 강력한 의지에 의해 실행되었고 또 마무리 지어졌다. 왜 태종은 신하들의 반대 의견을 묵살하고 그렇게까지 강력하게, 그리고 급하게 쓰시마섬 정벌을 실행에 옮겼을까?

쓰시마섬 정벌은 태종이 직접 천명한 것처럼 왜구의 근절이 그 목표였다고 생각할 수 있다. 그렇지만 왜구의 근절이 목표였다고 하기에는 조금 이상한 구석이 있다. 먼저 쓰시마섬 정벌 그 자체는 군사적으로 미진한 면이 많았다. 조선군의 퇴

각 과정도 전투에서 큰 피해를 당한 후에 이루어진 것으로 다소 불명예스러운 점이 있었다. 재정벌이 추진된 것도 그 미진함 때문이었는데, 그 재정벌 계획도 너무나 급작스럽게 중단되었다.

망해과에서 왜구가 큰 타격을 받았다고 하더라도 명나라에서 돌아오는 잔존 무리가 있었다. 더구나 이들에 의해 조선은 어느 정도의 직접 피해를 당하기도 했다. 무력을 통해 왜구 문제를 해결하는 것이 목적이었다면 애초의 계획대로 돌아오는 나머지 무리를 요격해 격멸하는 등 더 철저하게 할 필요가 있었다. 태종은 비록 그 뒤에 몇 차례 쓰시마섬을 다시 공격하려는 의향을 비치기도 했지만, 그전과 같은 강력한 의지를 보이지는 않았다. 원정을 결정하고 재빨리 실행에 옮겼을 때와는 사뭇 다른 모습이었다.

그리고 또 한 가지 문제는 왜구를 근절한다면서 왜 쓰시마섬만을 공격의 대상으로 했는가 하는 점이다. 왜구의 주 근거지는 이른바 '삼도'라고 불렸던 쓰시마섬을 포함한 규슈 북서부의 도서·연안 지역으로 쓰시마섬은 그중 하나였을 뿐이다. '왜구의 소굴'에 대해서는 조선에서도 잘 알고 있었다. 1396년(태조 5)에는 왜구 섬멸을 위해 이키섬·쓰시마섬을 공격하려 했지만 이번에는 오로지 쓰시마섬만을 목표로 했다.

더군다나 정벌의 계기가 되었던 비인현 사건의 왜구는 쓰시마섬과 이키섬의 사람들이 연합했던 집단이었다. 그럼에도 불구하고 쓰시마섬 정벌에 나서기 전, 태종은 과거의 왜구 사건들이 모두 쓰시마섬에 의한 소행인 것처럼 언급하며 쓰시마섬만을 문제로 삼았고 쓰시마섬만을 대상으로 왜구 근거지에 대한 정벌에 나섰다. '왜구 근절'이 궁극적 목표였다면 이것은 아무래도 조금 이상하다.

이 때문에 1419년의 쓰시마섬 정벌에는 다른 목적이 있었다고 생각할 수 있다. 다른 목적이라고 생각되는 것 가운데 하나는 명나라와의 사이에서 있었던 문제이다. 명나라는 고려 말부터 왜구를 명분 삼아 자주 고려를 위협했다. 특히 고려가 왜구를 제대로 방비하지 못한다며 일본으로 직접 군사 원정에 나설 뜻을 밝혀 오고는 했는데, 과거 몽골군의 일본 원정을 경험했던 고려에게 이것은 극력 피하고 싶은 일이었다.

일본 원정을 핑계로 군사를 한반도로 진군시키면 고려의 내정이 낱낱이 들어날 것이고 또 필연적으로 일본 원정에 필요한 물자를 고려가 부담해야 되는 등 여러모로 문제가 많아지게 된다. 따라서 고려는 이를 크게 우려했다. 앞서 소개했던 1387년(우왕 13)에 정지가 쓰시마섬 정벌을 건의한 것도 실은 명나라가 왜구를 직접 정벌하려는 것을 방지하고자 하는 이유에서였다.

정지의 건의는 이렇게 시작한다. “근래 중국에서 왜(적)를 정벌한다고 공언하고 있는데, 만약 우리 국경에도 함께 전함(戰艦)을 분산하여 정박시킨다면 물자를 지원하기가 어려울 뿐만 아니라 또한 우리의 허실(虛實)을 엿볼까 두렵습니다.” 그리고 정벌로 인해 왜적의 근심을 제거할 수 있음과 동시에 그로 인해 얻을 수 있는 결과라고 지적했던 것은 “중국의 군사 역시 이유가 없으므로 오지 않을 것입니다”라는 것이었다.

이런 상황은 조선에 들어와서도 계속되었다. 조선은 명나라의 일본 정벌 계획에 촉각을 세우고 명나라의 일본 정벌에 대한 의도를 매우 심각하게 받아들였다. 나아가 이를 빌미로 명나라가 조선을 공격할 것에 대해서도 우려하는 모습이 자주 나타난다. 이러한 배경 아래, 1419년의 쓰시마섬 정벌은 명나라가 직접 일본 정벌을 하지 않도록, 그것을 저지하기 위한 목적으로 급하게 실행되었다는 주장이 있다.

앞서도 말했지만, 비인현 사건이 있기 전까지 한동안 조선에서는 왜구가 큰 문제가 아니었다. 비인현 사건도 그 이전의 심각한 왜구 사건에 비하면 그렇게까지 대단한 피해를 입은 것은 아니었다. 왜구에 대한 회유·포용 정책으로 조선은 많은 ‘왜구의 우두머리’들과도 좋은 관계를 유지하고 있었다. 심지어 쓰시마섬 도주 소 사다모리의 사신들은 조선 조정이 한창 쓰시마섬으로의 정벌을 준비하던 때 조선에 와 있었다. 이들을 통해 어느 때보다 빠르게 외교적 방법을 사용할 수 있었다. 군이 대규모로 무력을 동원해 왜구 근거지를 공격할 필요성이 별로 없었던 것이다.

그런데, 비인현의 왜구들은 목적지가 중국(명나라)이었다. 대규모의 왜구가 명나라로 향해 간 것을 알게 된 조선 조정 및 태종은 이 왜구로 인해 명나라가 큰 피해를 당하게 되면 명나라에서 자주 거론하던 일본 정벌 계획을 실행에 옮길지도 모른다고 우려했을 것이다. 그래서 이를 저지하고자 조선이 직접 쓰시마섬을 정벌해 왜구에 큰 타격을 줌으로써 명나라가 일본을 정벌할 명목을 없애고자 했다는 주장이다.

조선이 쓰시마섬 정벌에 앞서서 왜구에 대한 정보를 명나라에 적극적으로 전했던 것이나 쓰시마섬에서 구해 온 중국인을 명나라로 되돌려 보내는 문제가 조선 조정에서 꽤 심각하게 논의되었던 것처럼 조선은 명나라와의 관계에 많은 신경을 쓰고 있었다. 또한 망해과에서 왜구가 큰 타격을 받았다는 것이 알려진 직후 조선의 쓰시마섬 재정벌 계획이 갑자기 중단된 것도 이런 이유에서라면 이해가 되는 측면이 있다. 명나라 군대가 랴오둥에서 왜구에 큰 피해를 줌으로써 명나라가 직접 일본으로까지 원정갈 필요성이 상당 부분 없어진 것이다.

실제로도 왜구를 빌미로 한 명나라에서의 일본 정벌론은 1419년의 망해과 대첩 및 조선의 쓰시마섬 정벌 이후에 사라졌다. 쓰시마섬 정벌에 혹시 '진짜 목적'이 따로 있었다고 하면, 이로써 그 목적도 어쨌든 간에 달성되었다고 할 수 있다.

5장

잠잠해진 왜구의 여러 가지 사정들

중국으로 향하는 육랑차랑 등에게 사다모리는 조선의 국경을 침범하면 그들의 처자를 모두 죽일 것이라고까지 엄포를 놓았다. 이런 사다모리에 대해 육랑차랑 등은 《조선의 은덕을 후하게 입었는데 우리들이 어찌 감히 그러겠느냐?》라며 하늘에 맹세했다고 한다. 당연히 조선과 좋은 관계를 맺고 있던 육랑차랑 등에게도 조선과 문제가 생기는 것은 바람직하지 않은 일이었다.

1. 조선인이 바라본 왜구 – 『삼강행실도』와 『속삼강행실도』의 왜구

1419년 이후, 조선에서의 왜구 문제는 해결되었다고 해도 좋을 정도의 상황이 되어 갔다. 작은 사건이 있기는 했지만 "경상·전라·충청도의 백성들은 오랫동안 왜구의 침입이 없어 마음을 놓고 베개를 높이 하고 편히 잠들 수 있게 된 것이 여러 해가 되었다"(『세종실록』, 세종 18년 윤6월 19일 계미 2번째 기사)라고 할 정도였다. 조선이 평화로워진 때, 왜구의 기억은 『삼강행실도(三綱行實圖)』로 다시 재생되게 된다.

1434년(세종 16)에 완성된 『삼강행실도』는 세종이 백성의 교화를 위해 집현전에 명령하여 편찬하게 만든 일종의 도덕 교과서이다. 우리나라와 중국의 서적에서 군신·부자·부부의 삼강에 모범이 되는 충신·효자·열녀의 행실을 모아 그 내용을 간략하게 적고 내용의 이해를 돕기 위해 편마다 그림으로 내용을 표현했다. 처음 출간되었을 때는 아직 훈민정음이 창조되기 전이라 본문이 한문이었는데, 후에는 한글본으로도 만들어졌다. 『삼강행실도』는 알려진 조선시대에 발간된 서적 가운데 가장 많은 발간 부수를 자랑하는 책으로 그만큼 오랜 기간에 걸쳐 많은 사람에게 읽히며 큰 영향을 주었다.

이 책에는 모두 110명의 충신·효자·열녀가 실려 있는데, 그 가운데 왜구와 관련된 것은 효자 2명과 열녀 7명으로 총 9건의 내용이 있다. 9건의 내용 중 8건은 『고려사』 "충신·열녀" 전 등에 올라 있는 사람들로 모두 고려시대의 일이고 "임씨가 발을 잘리다(林氏斷足)" 편만이 조선시대에 해당한다. 대개의 내용들은 왜구가 침입해 왜구들로부터 절개를 지키려다가 목숨을 잃은 이야기들인데, 앞에서 소개했던 진주의 최 씨와 광주 문 씨의 경우처럼 비극적이고 잔혹하게 죽임을 당한 경우가 대부분이다.

이 책에 묘사된 왜구의 모습은 현재 전해지는 '왜구 그림' 중 가장 오래된 것이라고 할 수 있다. 고려 고종 때 경상도 안찰사 권응경(權應經)이 '왜의 모습(倭形)'을 그려 당시의 권력자였던 최이[崔怡, 최우(崔瑀)]에게 바친 적이 있었지만, 현재는 전하지 않으므로 고려 말 조선 초에 그려진 왜구 혹은 일본인을 묘사한 가장 오래된 그림이라고 할 수 있다. 여기서 묘사된 왜구들은 갑옷은 입지 않았지만 의복이 고려·조선 사람과는 다르게 묘사되어 있다. 칼과 창, 활을 들고 있으며 때로는 말을 탄 사람들도 있다. 왜구의 손에 들린 장궁(長弓)이나 치도(薙刀)는 당시 일본에서 많이 사용되던 무기로 어느 정도의 사실을 반영하고 있다고 보인다.

당시 사람들이 그린 왜구의 모습을 알 수 있다는 점에서 『삼강행실도』는 매우 흥미로운 책인데, 이 책에서 왜구는 어디까지나 효자·열녀를 빛내려는 도구로 사용되었을 뿐이다. 왜구의 행위가 잔혹하게 묘사되었지만, 잔혹함이라는 면에서는 중국의 열녀 편 내용이 더 끔찍한 것들도 많다. 중국의 내용이 먼저 나오기 때문에 순서가 뒤에 위치한 고려·조선의 에피소드는 앞에서의 충격 때문에 오히려 덜 잔인하다고 느껴질 정도이다.

『삼강행실도』의 내용은 후대에 조선 조정 안에서도 자주 언급되고 백성 중에 따라 하는 사람이 나타날 정도였으므로, 이 책이 미친 영향은 확실하다. 당시 사람들은 왜구를 이 책에 묘사된 것처럼 받아들였을 것이다.

그런데, 이 책의 속편으로 1514년(중종 9)에 편찬한 『속삼강행실도(續三綱行實圖)』에서는 '왜구'가 조금은 다르게 나타난다. 이 책에 실린 인물들은 대부분이 중국의 경우로 우리나라 사람으로는 17명만이 실려 있다. 왜구 내지는 일본과 관련해서는 효자 1명, 열녀 2명인데, 효자·열녀로 올라가 있는 우리나라 사람의 숫자가 효자 4명·열녀 6명이기 때문에 적지 않은 비율인 셈이다. 그리고,『삼강행실도』의 속편이라는 성격도 있어서 모두 조선시대 사람들의 이야기이다.

이 책에 그려진 왜구의 모습은『삼강행실도』와 큰 차이가 없는데, 왜구의 행동에는 다소 차이가 있다. 두 명의 열녀 중 한 명은 남편이 왜구에게 잡혀가 생사를 모르는 가운데에서도 남편이 돌아오기까지 8년 동안 절개를 지켰다는 이야기이고 다른 한 명은 남편이 1419년의 쓰시마섬 정벌에 참가했다가 전사하자 죽을 때까지 정절을 지켰다는 내용이다.

두 여성이 정절을 지켰다는 점에서『삼강행실도』와 결국 같은 교훈을 주는 것이라고 할 수 있지만, 여기서의 왜구들은 두 여성에게 직접 위해를 가한 것도 아니었고 어떤 잔인한 행동도 하지 않았다. 더군다나, 효자 김득인(金得仁)의 이야기에서는 몰래 도둑질하러 온 왜구들이 그가 효성이 깊은 것을 보고 오히려 쌀을 주는 온정을 베풀고 떠난다.

잔혹하고 자극적인 묘사가 많았던『삼강행실도』와 비

교하면 『속삼강행실도』는 그만큼 성리학적 도덕관이 뿌리내려 굳이 그런 식의 표현이 필요 없어진 것일 수 있다. 혹은 70년의 세월 동안 왜구가 큰 문제를 일으키지 않았기 때문에 그전 시기와 비교해 조선 사람들이 느끼던 왜구 내지는 일본인의 이미지가 조금은 좋아졌기 때문일 수도 있다.

그렇지만, 임진왜란 이후 왜구의 이미지는 다시 과거의 '잔혹함'으로 돌아갔다. 1617년(광해군 9)에 간행된 『동국신속삼강행실도(東國新續三綱行實圖)』는 제목처럼 『삼강행실도』와 『속삼강행실도』의 속편으로 우리나라(東國)의 인물들만 실었다. 임진왜란이라는 국난을 극복한 뒤 나라를 다시 바로잡는다는 목적성도 강해 임진왜란 시의 일들이 많은 부분을 차지해서 총 1,587건 중 왜군(왜적)과 관련된 내용이 576건에 달한다. 특히 열녀는 총 746건 중에 절반이 넘는 433건이 이에 해당한다. 대부분의 내용은 왜군의 만행을 피해 자결하거나 정절을 지키다가 살해당하는 이야기로 그 비참함은 『삼강행실도』보다도 더 심한 경우가 많으며 그림에서도 더 끔찍한 장면이 묘사되었다.

임진왜란 때 왜적의 침략과 횡포는 사람들에게 고려 말·조선 초 왜구의 기억을 다시 불러일으키기에 충분하고도 남았다. 『속삼강행실도』에 나오는 온정을 베푸는 왜구 따위가 기억될 일은 없었다. 왜구는 잔인하며, 힘없는 백성, 특히 여성이나 노약자를 납치하고 살해하는 침략자로서 다시 각인되었다.

1797년(정조 21), 정조의 명령으로 『삼강행실도』와 『이륜행실도』의 내용을 합하고 일부를 수정해 『오륜행실도(五倫行實圖)』가 간행되었다. 이 책에 열녀로 실려 있는 우리나라 사람은 5명뿐인데, 그중 3명이 왜구와 관련된 인물이다. 그것은 『삼강행실도』에서 가장 비극적인 내용에 해당하는 진주의 최 씨, 경산의 배 씨, 그리고 수족을 잘리고 살해당한 임 씨였다. 이 세 여성의 이야기는 정조가 심사숙고해서 고른 것이기도 했다.

이 이야기들이 아직까지 왜구와 관련된 가장 유명하면서도 비극적인 기억으로 남아 있는 것은 시대가 그런 기억을 필요로 했기 때문이다. 20세기 초에 그 기억이 다시 맹렬하게 피어오른 것도 마찬가지의 이유에서였다.

2. 왜구가 서쪽(중국)으로 간 까닭은? – 전기왜구의 종막

1419년의 망해과 대첩과 쓰시마섬 정벌 이후의 왜구에 대해 '왜구의 소멸'이라고까지 표현하기도 한다. 특히 조선에서는 쓰시마섬 및 그 외 일본의 여러 세력과 평화적인 통교 관계가 지속·강화되면서 실제로 왜구가 사라졌다고 할 수 있는 상황에까지 이르렀다. 왜구들은 이른바 '평화적 통교자'로 전환한 것이다.

그렇지만 '평화적 통교자'의 모습은 한쪽에서만 보이는 모습이었다. 중국 대륙에서는 여전히 상황이 조금 달랐다. 실은 망해과 대첩 이후에도 명나라에서 왜구가 완전히 사라진 것은 아니었다. 다만 그 이전에 비해 확연히 줄어들어 선덕 연간

(宣德年間, 1426~1435) 동안 왜구 활동은 6회에 불과했으며, 왜구에 의한 피해가 구체적으로 기록되지 않았던 것으로 보아 피해 정도도 그렇게 심했던 것 같지는 않다.

그 뒤의 정통 연간(正統年間, 1436~1449)에도 왜구의 침구 횟수는 그다지 많은 편이 아니었다. 그렇지만, 이 시기의 왜구는 선덕 연간에 비해 대규모의 집단이었고 1438년(정통 3)부터 1443년(정통 8)까지 집중적으로 거의 매년 약탈 활동을 벌여 큰 피해를 주었다. 1439년(정통 4), 왜선 40여 척이 저장성 각지를 약탈했는데, 군사 방어의 거점인 천호소(千戶所)의 성을 공격해 함락시키기도 했다.

영락 연간 이후의 왜구 관련 기록에서는 구체적인 피해나 왜구 규모가 명확하게 기록되는 경우가 거의 없었는데 이때의 왜구에 대해서는 『명 실록』 등에 구체적인 피해 사실과 왜구들의 악행으로 인한 참상 등이 비교적 상세히 기록되었다. 그만큼 피해가 컸었고 명나라의 조정에게도 큰 충격이었던 것이다. 이 사건 뒤 명나라 조정 안에서는 담당자의 죄를 논하는 공방이 꽤 오랫동안 계속되었다. 또한 왜구에게 큰 피해를 입은 것은 연해 지역의 해방이 느슨해졌기 때문이라며 그 대책이 논의되었는데, 명나라에서 나타난 이러한 반응은 그 충격의 여파가 컸기 때문이라고 할 수 있다.

이 기간 중 가장 큰 규모의 피해를 입은 것은 1442년(정통 7)이었다. 이해, 2천여 명의 왜구가 저장성 닝보에 인접한 대숭성(大嵩城)을 공격해 관군 백여 명을 살해하고 포로로 3백 명을 잡아갔다. 그리고 식량 4,400여 석과 무기 등을 무수히 약탈해 갔다. 2천여 명이라면 망해과 대첩 때와 비슷한 정도의 '대규모 왜구'라고 할 수 있다.

그런데 이와 같은 정통 연간의 왜구, 즉 '정통왜구(正統倭寇)' 사건을 벌인 사람들이 누구였는지에 대해 알려 주는 것은 중국의 역사서가 아니라 조선의 『세종실록』이다. 1439년(세종 21, 정통 4) 음력 2월 4일, 경상우도 절제사는 다음과 같이 보고했다.

> "종언칠(宗彦七)이 보낸 정대랑(井大郞)이 말하기를, '대마도의 왜적(倭賊) 만호 육랑차랑(六郞次郞)과 삼미삼보라(三未三甫羅)와 여매시라(汝每時羅)와 일기주(一岐州)의 왜적 만호 도구라(都仇羅) 등이 배 20척을 가지고 중국으로 도적질하러 가고자 하므로, (대마도 도주) 종정성(宗貞盛)이 그것을 금했지만 종무직(宗茂直, 종대선의 동생)·종대선(宗大善) 등이 정성에게 간청하므로, 정성이 허락하여서 장차 2·3월 사이에 풍편을 기다려 도적질하러 갔다가 5·6월

사이에야 돌아온다고 그 계획을 이미 정하였습니다. 종대선은 전부터 귀국과 원한이 있었으니 길이 전라도를 지날 때에 혹시 변경을 범할지도 모르니 불가불 방비하소서'라고 하였습니다."

—『세종실록』, 세종 21년 2월 4일 계축 2번째 기사

이와 같은 쓰시마섬 사람들의 노략질 계획은 실제로 1439년 음력 5월 초, 저장의 왜구 사건으로 현실화되었다. 그리고 그 노략질의 성과(?)에 대해서도 『세종실록』에 기록되어 있다. 음력 5월 28일, 도주 소 사다모리가 조선에 사신을 보내와 그와 관련된 내용을 보고했다.

대마도 종정성이 보낸 나근시로(羅斤時老)가 와서 고하기를, "육랑차랑이 중원을 침략하고, 본월 15일에 본도로 돌아와서 말하기를, '중원 연변의 성읍을 공략하여 인민을 많이 죽이고 돈과 곡식을 약탈하였으며, 또 연변의 남녀와 어린아이 아울러 1백여 인을 사로잡았다'고 하였고, 그 사로잡힌 당인(唐人)들이 말하기를, '조선 국왕 전하께서 왜인들이 장차 침입할 것이라고 두 번이나 아

되어, 중국 조정에서 연변을 엄하게 지키도록 단단히 타일렀는데, 근래에 수비가 조금 해이해졌기 때문에 뜻하지 않던 중에 돌입하여 노략질하였다'고 하였습니다."

—『세종실록』, 세종 21년 5월 28일 을해 2번째 기사

이와 같이 『세종실록』에 기록된 쓰시마섬으로부터의 보고 내용을 통해 이때의 왜구는 쓰시마섬의 육랑차랑(六郎次郎) 등이 주도하고 쓰시마섬과 이키섬 사람들로 구성되어 있었다는 것을 알 수 있다. 육랑차랑이 자랑스럽게 말했다는 이야기는 비록 간접적이기는 하지만 왜구 스스로가 자신의 약탈 행위를 진술한 매우 드문 예이다.

육랑차랑은 앞에서 여러 차례 등장했던 소다 사에몬타로, 즉 나가온의 아들이다. 육랑차랑은 부친의 뒤를 이어 조선과 적극적으로 통교했고 오키나와 등지까지 가서 무역 활동을 하고 있었다. 조선의 입장에서 육랑차랑은 평화적 통교자였다. 심지어 육랑차랑은 자신들이 조선으로의 왜구를 방지하는 데 애쓰고 있다며 조선 조정에 여러 차례 주장했고 그런 공을 인정받아 조선으로부터 식량 등 많은 하사품을 받고 있었다. 평화적 통교자이자 무역가였던 그가 명나라를 향해서는 다시

대규모 왜구의 우두머리가 되었던 것이다.

쓰시마섬의 도주 소 사다모리가 명나라로의 왜구 계획과 그 이후의 일들에 대해 조선에 상세히 보고했던 것은 아마도 1419년의 일이 교훈이 되었을 것이다. 1419년에도 왜구들의 목적지는 중국 대륙이었지만 조선에서 문제가 터졌고 그것은 결국 쓰시마섬 정벌로 이어졌다. 그런 일이 반복되는 것을 쓰시마섬에서는 원치 않았을 것이다.

더군다나 소 사다모리를 비롯해 많은 쓰시마섬 사람들은 조선과의 평화적 통교를 통해 많은 것을 얻고 있었다. 사다모리의 경우 조선으로부터 매년 2백~3백 석의 미두(米豆)를 지급받고 있었고 그 외에 부가적으로도 많은 것을 얻어 가고 있었다. 사다모리에게 노략질의 허가를 간청한 '종무직'·'종대선'도 거의 매년 정기적으로 조선에 사람을 보내와 이것저것 조선의 은택을 입던 사람들이다.

조선 조정에서 소 사다모리에게 지급한 연차별 미두의 양

조선	서기	지급량
세종 10	1428	200석
세종 11	1429	200석
세종 12	1430	200석
세종 13	1431	250석

조선	서기	지급량
세종 14	1432	·
세종 15	1433	200석
세종 16	1434	·
세종 17	1435	200석
세종 18	1436	200석
세종 19	1437	200석
세종 20	1438	40석
세종 21	1439	200석
세종 22	1440	·
세종 23	1441	·
세종 24	1442	200석
세종 25	1443	300석

쓰시마섬의 보고에 의하면 소 사다모리는 처음에 중국으로의 왜구에 반대하다가 주위의 간청으로 마지못해 허락했다. 그런데 여기에는 조건이 있었다. 중국으로 향하는 육랑차랑 등에게 사다모리는 조선 국경을 절대로 침범하지 말도록 엄격하게 훈계하면서 만약 자신의 말을 따르지 않고 조선의 국경을 침범하면 그들의 처자를 모두 죽일 것이라고까지 엄포를 놓았다. 이런 사다모리에 대해 육랑차랑 등은 "조선의 은덕을 후하게 입었는데 우리들이 어찌 감히 그러겠느냐?"라며 하늘에

맹세했다고 한다. 당연히 조선과 좋은 관계를 맺고 있던 육랑차랑 등에게도 조선과 문제가 생기는 것은 바람직하지 않은 일이었다.

이런 쓰시마섬 및 왜구 내부의 사정은 1443년(세종 25) 음력 6월, 제주도의 공선 1척이 왜선 2척에 의해 약탈당했던 사건을 통해서도 엿볼 수 있다. 이것은 조선에서의 왜구로서는 매우 오래간만에 발생한 사건이었다. 쓰시마섬에서는 이에 대해서도 조선 조정에 관련 사실을 상세하게 보고했다. 이 사건은 쓰시마섬의 배 2척, 이키섬의 배 2척, 가미마쓰우라[上松浦]의 배 1척이 중국으로 갔다가 약탈이 여의치 않아 돌아가던 도중에 식량이 부족해져 쓰시마섬과 이키섬의 배 각 1척, 총 2척이 우발적으로 저지른 일이었다.

이보다 앞서 음력 5월, 왜구가 저장성의 해녕위(海寧衛)를 공격했다가 명나라 군대에게 격퇴당한 일이 있었는데, 이 일은 쓰시마섬에서 말한 "약탈이 여의치 않았다"라는 내용과 관련 있다고 생각된다. 그런데 이들이 제주도 공선을 공격하기 전에 약탈에 나선 2척을 제외한 나머지는 "도주 소 사다모리가 성심으로 귀순하고 있으니, 비록 털끝만큼이라도 약탈할 수 없다"라고 말하며 공선 약탈에 반대하고 그대로 떠나 버렸다고 한다.

조선에 사건의 전말을 상세하게 보고한 소 사다모리는 사건의 사후수습에도 적극적으로 나섰다. 제주도 공선 습격과 관련 있는 사람들을 색출해 조선으로 압송하고 이키섬으로 잡혀간 조선인의 송환을 위해서도 노력했다. 이해 음력 10월, 일본의 교토에서 돌아오던 통신사 변효문(卞孝文)과 사다모리 사이에 맺어진 계해약조(癸亥約條)는 그런 노력의 결과였다. 계해약조는 조선에 내왕하는 왜인의 수와 조선에서의 체류지, 연간 무역량 등을 구체적으로 규정한 조약이다. 그리고 이를 통해 조선과 일본과의 통교에서 쓰시마섬의 소씨는 이전보다 훨씬 막강한 권한을 갖게 되었다. 약조를 맺을 때, 사다모리는 지금부터 영구히 도적질하러 가지 않겠다고 피를 바르며 맹세했다고 한다.

그 효과가 발휘된 것인지는 몰라도 대규모로 명나라를 습격하던 '정통왜구'도 1443년을 마지막으로 더 이상 나타나지 않았다. 그 후 16세기에 접어들어 이전과는 전혀 다른 성격의 '후기왜구'가 다시 본격적으로 활동하기까지 중국에서 발생한 왜구는 4건 정도에 불과하다. '전기왜구'는 이로써 사실상의 종막을 맞았던 것이다.

3. '배고프다던 왜구'는 정말 먹을 게 없었을까?

왜구가 정통 연간에 다시 대규모로 중국에까지 가서 약탈했던 물건은 그전에 그랬던 것처럼 식량과 사람이었다. 왜구가 주로 식량을 약탈한 것은 당연한 말이겠지만 식량이 필요했기 때문일 것이다. 자주 말했던 것처럼 쓰시마섬은 식량의 생산이 매우 제한적이었다. 『조선왕조실록』에서도 쓰시마섬은 만성적인 기근의 상태에 있었다고 자주 이야기되었다.

그런데, 정통왜구가 발생했던 무렵 쓰시마섬은 여러 방법을 통해 조선으로부터 많은 식량을 공급받고 있었다. 도주인 소씨나 그 친족, 뿐만 아니라 소다씨와 같은 유력 호족, 기타 많은 사람들이 조선과 통교하며 정기적으로 쌀과 콩 등의 식량을 지급받았다. 또한 조선은 쓰시마섬으로부터의 사신을 태우고 온 배의 탑승원들에게도 모두 일정량의 식량을 지급했다.

바다를 건너 오고 가는 동안의 식량이라는 의미에서 이를 '과해량(過海糧)'이라고 했는데, 소씨의 사신인 경우는 열흘치의 식량을 주었다. 그런데 이들이 실제로 바다를 건너는 기간은 길어야 이틀이면 충분했다. 조선에 배를 타고 오는 것만으로도 항해에 필요한 양 이상으로 여분의 식량을 얻을 수 있었던 것이다. 더군다나 조선에서는 식량 외에도 어염(魚鹽)·잡물도 주었다. 도주인 소 사다모리는 빈번하게 사신을 파견해왔는데 그중에는 특별한 목적이 없는 경우도 많았다.

더군다나 부녀자와 어린아이가 같이 오는 경우도 있었다. 이런 행태는 과해량을 목적으로 했었을 가능성이 높다. 『세종실록』에는 이렇게 지급되는 식량 및 물품을 목적으로 한 명목상의 사인(使人)들이 한 해 1만 명에 달하고 이들에게 지출한 비용이 거의 10만 석에 이르렀다는 사실이 기록되어 있다. 조선 조정의 입장에서는 쓰시마섬의 식량 사정이 나빠지면 다시 변고가 발생할 것을 염려했고 그 방지의 차원에서 경제적 부담을 감수하면서도 이와 같은 식량 지급을 계속했다.

이런 상황이었기 때문에 쓰시마섬의 식량 사정은 그전에 비해 매우 좋아졌다. 그럼에도 불구하고 정통 연간에 여러 위험을 감수하면서 또다시 중국으로의 약탈에 나서게 된 이유는 무엇이었을까? 여전히 먹을 것이 부족했기 때문이었을까? 더 많은 것을 얻고자 하는 단순한 욕심 때문이었을까? 이런 의문을 풀 단서를 위해 쓰시마섬이 조선으로부터 어떤 식으로 식량을 얻어 갔는지 살펴보자.

도주인 소 사다모리의 경우, 그는 매년 정기적으로 식량을 받아 가면서도 그 외에 여러 이유를 들며 조선에 식량을 요청했다. 예를 들어 사찰의 건립 비용이나 화재로 인한 피해를 명목으로 식량을 요청하기도 했다. 그런 명분 중에서도 자주 들먹이고 구실로도 좋았던 것이 흉년이나 기근이 발생했다는 이유였다. 그런데 이 '기근'이라는 것이 조금 이상한 경우가 있다. 1435년(세종 17) 음력 2월, 쓰시마섬이 식량 요청을 해 온 다음의 경우를 보자.

> 종정성이 보내온 원좌위문(源左衛門)이 고하기를, "정성이 농사를 실패하고 기근에 쌓여 미곡과 소주(燒酒)를 청구합니다"라 하고, 종언칠이 보내온 정대랑병위(井大郎兵衛)도 역시 고하기를, "언칠이 싸움을 도우려고 구주(九州)로 돌아가 처자들이 먹을 것이 핍절(乏絕)되고, 나도 아침저녁이 군색하니 미곡의 지급을 청합니다."

—『세종실록』, 세종 17년 2월 7일 기유
4번째 기사

위에서 종언칠은 소 사다모리의 동생인 모리쿠니[盛国]를 말한다. 형제가 나란히 보내온 사신들이 식량을 요청하는데 그 이유가 조금 다르다. 한쪽은 농사 실패와 기근을 이유로 들고 있지만 다른 한쪽은 모리쿠니(종언칠)가 싸움을 돕기 위해 규슈로 갔기 때문에 식량이 궁색해졌다고 말하고 있다. 여기서 언급되는 '싸움'은 소씨가 주가(主家)로 섬기고 있던 쇼니씨와 그 숙적인 오우치씨의 항쟁을 말한다.

규슈에서는 남북조시대가 끝난 뒤에도 여전히 각 세력 간의 세력 다툼이 계속되었다. 당시 소씨의 주가인 쇼니씨는 오우치씨와의 싸움에서 잇달아 패배해 규슈 본토에서의 기반을 잃고 잔존 세력이 쓰시마섬의 소씨에게 의탁할 정도로 궁지에 몰린 상태였다. 그런 상황에서 소씨는 규슈에서의 세력 만회를 위해 쇼니씨와 함께 종종 규슈로 건너가 군사 활동을 벌였다. 모리쿠니가 싸움을 돕기 위해 규슈로 갔다는 것은 모리쿠니가 그의 수하들을 이끌고 출병했다는 말이다. 당연히 이들은 군사 행동에 필요한 식량을 가져갔을 것이고, 이들이 섬 안에 없었기 때문에 노동력 부족으로 식량 생산에도 차질이 생기게 되었을 것이다. 이를 통해 생각해 보면 식량이 모자라게 된 원인이 반드시 자연재해로 인한 기근 때문만은 아닐 수 있다.

갑작스럽게 식량이 부족해져서 주민들이 굶주림에 빠지는 '기근'이라면 보통 자연재해 등으로 식량 생산에 차질이 생겨 발생하는 것을 떠올릴 것이다. 이것은 수요에 비해 공급량이 갑자기 부족해질 때 나타나는 기근이다. 그런데 반대로 공급에 비해 수요가 급격하게 늘어날 때도 기근이 발생할 수 있다. 즉 급격하게 인구가 늘어나면 '기근'과 같은 식량 부족 사태에 빠질 수 있다.

그런데 소 사다모리 시대의 쓰시마섬에서는 인구가 급증한 경우가 종종 있었다. 그것은 쓰시마섬 내부의 조건이 변화했기 때문이 아니라 외부로부터의 인구 유입 때문이었다. 바로 쇼니씨가 규슈에서 패퇴해 쓰시마섬으로 도망쳐 온 것이다. 1431년(세종 13), 조선에 식량을 요청할 때 쓰시마섬에서 이유로 들었던 것은 당시 쇼니씨의 당주였던 쇼니 미쓰사다[少貳滿貞]의 아들이 쓰시마섬에 이르러 "적은 미곡을 다 허비했다"라는 것이었다. 그리고 1433년, 규슈에서 쇼니 미쓰사다가 전사한 후에는 그의 아들들과 쇼니씨의 잔존 세력이 쓰시마섬으로 피난해 왔는데, 그 이후에는 쓰시마섬에서 규슈로의 공세와 패퇴가 반복되었다.

이런 쓰시마섬과 쇼니씨의 상황은 조선에도 알려졌다. 『세종실록』에는 이런 정황이 잘 나타난다. 정통왜구가 발생하기 1년 전인 1437년(세종 19) 음력 1월, "일본국 사람들이 국난(國亂)으로 인해 도망하여 쓰시마섬에 사는 자가 대단히 많다"라는 내용이 있고 1439년(세종 21)에는 쓰시마섬이 "미곡과 잡물이 적고 빈객(賓客)은 많은 상태"라며 특별히 쓰시마섬에 식량 등을 지급하기도 했다. 특히 1442년(세종 24) 음력 6월에는 "소이전(小二殿)이 전쟁에 패하여 영토를 잃고 군사 5천여 명을 거느리고 대마도에 와서 머물러 있다"라는 소식이 조선에 전해졌다.

한꺼번에 5천여 명 이상의 사람들이 쓰시마섬으로 건너왔다면 그렇잖아도 좋지 않던 쓰시마섬의 식량 사정은 악화될 수밖에 없었을 것이다. 조선도 이런 쓰시마섬의 사정에 민감하게 주의를 기울였다. 쓰시마섬에서 기근을 이유로 식량을 요청해 온 것에 대해 조선 조정 안에서도 그 진위를 의심하는 사람이 있었지만, 대부분의 경우에는 요청한 식량을 내주었다.

조선에서는 무엇보다도 왜구의 노략질이 재발하는 것을 막고자 했기 때문이다. 그럼에도 불구하고 중국으로의 왜구 활동이 부활했다. 약탈의 주목표는 역시 식량이었다. 1442년 음력 5월, 중국 저장성에서 2천여 명의 왜구가 4,400여 석의 식량 등을 약탈해 간 것은 이런 쓰시마섬의 내부 사정과 무관해 보이지 않는다. 조선에서 얻어 낼 수 있는 것 이상의 식량이 필요해진 것이다.

여러 방식을 통해 쓰시마섬으로 들어간 많은 양의 식량이 쓰시마섬에서 어떻게 분배되고 사용되었는지는 확실치 않다. 그런데 쓰시마섬의 여러 사람은 식량이 부족하다며 조선에 줄기차게 식량을 요청하면서도 규슈로의 군사 원정을 계속해서 하고 있었다는 사실을 따져 볼 필요가 있다. 식량이 필요했던 것은 배고픔 외에 다른 이유가 있었던 것은 아니었을까?

당시 쓰시마섬의 소 사다모리는 "오우치씨에게 규슈를 빼앗기고 대마도로 도망쳐 와서, 오로지 성상의 은덕을 입으면서 안심하고 붙어살고 있는 상황"(『세종실록』, 세종 21년 5월 11일 무오 3번째 기사)이었는데, 어떤 힘을 바탕으로 계속적인 군사 활동이 가능했던 것일까? 혹시 조선에 식량을 요청했던 것은 군사 활동에 필요한 밑천의 확보를 위해서였을까? 중국으로의 왜구도 같은 목적에서였을까?

고려 말 대규모 왜구와 관련해 당시 남북조의 혼란기에 있던 규슈의 군사 정세와 왜구 발생을 연관시켜서 왜구를 실행한 주체는 쇼니씨였고 그 목적은 병량의 확보를 위해서였다는 주장이 있다. 이런 주장을 참고로 삼아, 정통 연간의 왜구도 당시 규슈의 군사 정세나 쓰시마섬 내부의 상황을 고려하면 '병량 확보'가 목적이었다고 생각해 볼 수도 있다.

그렇지만, 정통 연간의 왜구를 실행한 사람들은 쓰시마섬과 이키섬의 영주 레벨에 있던 사람이 아니라 지역 세력에 해당하는 육랑차랑과 같은 사람들의 주도로 이루어졌다. 육랑차랑 등의 주도로 이루어졌던 것을 보면 쓰시마섬으로 피난했던 쇼니씨 세력의 사람들이 직접 동원되어 중국으로 갔을 가능성도 별로 없다.

조선과의 통교 및 중국에서의 약탈로 쓰시마섬에 유입된 식량이 규슈에서의 군사 활동에 병량으로 사용되었다는 직접 증거는 없다. 그러나 외부로부터의 식량 수급을 통한 쓰시마섬의 경제적 안정이 바다 건너 규슈에서의 군사 활동을 가능하게 했다고는 말할 수 있다. 혹은 적어도 규슈에서의 군사 활동이 진행되는 동안 후방인 쓰시마섬 사회를 유지시켜 주는 데 이 '식량'이 큰 역할을 했다고 할 수 있을 것이다.

4. 왜구가 아니었던 '왜구' – 왜구로 몰린 표류자와 항해자

지금도 그렇지만, 바다라는 영역은 중앙권력 내지는 공적 권력의 힘이 미치기 어려운 곳이다. 과거, 특히 육지에 권력의 중점을 두었던 중국이나 한국의 중앙권력들이 도서 지역을 포함해 바다를 완전히 통제하고 그 실상을 정확하게 파악하는 것은 거의 불가능했다. 특히 해금과 같이 바다의 활동을 전면적으로 통제하던 시절, 국가권력 측에서는 순수한 약탈만을 목적으로 하는 해적과, 밀무역이 목적이었던 해상(海商)을 구분하기가 거의 불가능했고 또 어떤 면에서는 굳이 구분할 필요도 없었다.

상인들도 그 시절에는 귀중한 화물의 보호를 위해서 어

느 정도의 무장을 갖추는 것이 일반적이었다. 밀무역 상인들을 적발한 관헌이 '무기가 있으니 해적이다'라고 판단할 수도 있었겠지만, 정확히 말하면 단순한 밀무역 상인이었을 가능성도 높다.

고려 선종 10년(1083) 음력 7월, "송인(宋人)과 일본인으로 구성된 해적선"이 적발된 적이 있는데, 그들은 자신들이 상인이라고 주장했다. 그런데 고려 조정에서 이들을 해적이라고 확신한 것은 그 배에서 대량의 무기가 발견되었기 때문이다. 그런데 당시 일본에서 중국으로 수출하던 대표 상품은 일본도(日本刀)였다. 그때 배에 있던 대량의 무기는 중국에 가져다 팔기 위한 상품이었고 이들은 그들 스스로의 주장처럼 해적이 아니라 상인이었을 가능성도 높다.

'왜구'에 대한 과거의 기록에서는 이들을 종종 "기회를 얻으면 활과 칼을 펼쳐 방자하게 약탈하고, 기회를 얻지 못하면 그 방물(方物)을 늘어놓고 조공을 칭한다"와 같은 식으로 묘사한다. 이 때문에 '왜구'의 특성으로 '반구반상(半寇半商, 반은 해적이고 반은 상인)'이라는 모습이 지적되기도 한다. 그렇지만, 해방과 해금의 원칙이 강화되었던 때에 관헌이 허가하지 않은 무역 행위, 즉 밀무역은 관헌의 입장에서는 '국법'을 어겼다는 면에서 동일한 것이므로 단순히 해적일 뿐이었다. 괴테의 『파우

스트』에 나오는 "전쟁과 무역과 해적은 삼위일체로 분리하는 것은 불가능하다(Krieg, Handel und Piraterie Dreieinig sind sie, nicht zu trennen)"라는 문구가 잘 어울리는 상황이었다고 할 수 있다.

그 전형적인 경우가 나타난 적이 조선 초에 있었다. 1409년(태종 9) 3월, 경상도에서 왜선 2척이 포획되었는데, 잡힌 왜인들은 "도둑질하러 온 것이 아니라 무역을 위해 왔다"라고 말했다. 해당 지방관은 조정에 "잡은 왜인 20인의 배 안에 실은 것이 모두 중국 물건이고, 또 대명(大明) 정해위(靖海衛)의 인신(印信)이 있으니, 실로 이들은 도둑질하는 왜구입니다. 낌새가 반드시 도망쳐 갈 것 같으니, 모두 죽이기를 청합니다"라고 보고했다.

태종은 이에 대해 "상선(商船)인지 적선(賊船)인지 분변하기를 기다린 뒤에 처치하라"라고 명령을 내렸는데, 이 명령이 도착하기 전에 왜인들이 도망치려 해서 이들은 모두 죽임을 당했다. 이들의 경우 조선 지방관의 판단처럼 그 본업은 중국에서 약탈을 일삼던 '왜구'였을 가능성이 있다. 궁지에 몰리자 상인이라고 주장했던 것이다.

그러나 바다의 왜인들에 대한 조선의 대응에도 분명히 문제가 있었다. 1417년(태종 17) 음력 5월에 왜인 남녀 네 사람이 무기도 없이 작은 배를 타고 와서 투항하고자 했는데, 그 지역의 현감이 이들을 쏘아 죽인 일이 있었고 음력 7월에는 물을 긷기 위해 상륙한 왜인을 덮쳐서 잡은 일도 있었다. 바다에서 활동하던 왜인들이 일괄적으로 왜구로 취급당했던 것이다.

쓰시마섬 정벌 이후 쓰시마섬 등지의 왜인들 중 '사송왜인'으로서 조선과 무역하는 사람들이 많아지자 왜구를 어떻게 규정할 것인가? 하는 것이 조선에서 문제가 되었다. 세종 때는 고기잡이하러 온 쓰시마섬의 사람들을 지방관이 왜구로 취급하고 살해한 사건이 있었는데, 이들은 증명서를 가지고 있었고 무기도 소지하지 않았었다.

이에 대해 조선 조정에서는 쓰시마섬에서 항의해 올 것을 대비해 논의를 벌였는데, 당초에 "정처 없이 함부로 다니는 것은 적선으로 논한다"라는 규정이 있다는 것으로 명분을 삼고자 했다. 조선이 사송왜인들과 맺은 규약에는 "각 처에서 조공 오는 왜인일지라도 바로 부산포(釜山浦)에 닻을 내리지 않는 자들은 도적질하러 온 적왜(賊倭)로 논한다"라는 규정이 있었다. 이 규정은 상당히 애매모호한 면이 많았지만, 조선에서는 정해진 규약에 따라 일괄적으로 '왜구'를 규정했던 것이다.

이러한 규정은 왜구가 아니었던 '왜구'를 만들어 냈다. 중국 대륙에서 가정왜구가 극성을 부렸던 1552년(명종 7) 음력 7월, 제주 정의현의 포구에 '적왜'의 배 1척이 정박하고 주변의 백성들을 살해했다. 이들은 모두 육지에 상륙해 험지를 점거하고 관군과 대치했는데, 제주도에서는 이들을 쉽게 제압하지 못해 조정에 구원병을 청할 정도였다. 이들 '적왜'는 주민들을 살해하는 등 전형적인 왜구라고 보일 수도 있다. 그런데 우의정 윤개(尹漑)는 이 사건에 대해 다음과 같은 의견을 내었다.

> "그러나 신의 생각으로는, 제주 지경을 침범한 것은 단지 1척의 대선(大船)뿐이고 인원도 많지 않으니 적변(賊變)을 일으키려는 자들 같으면 그렇게 하지는 않았을 듯합니다. 전에 복건성(福建省) 상선이 일본을 왕래한 것은 꼭 여름과 가을 사이였는데, 표류해서 우리 경내에 정박한 것이 한두 번이 아니었습니다. 지금 이른바 적변을 일으킨 자들은 상왜(商倭)로서 복건 등처를 왕래하는 자들인데, 파선(破船)을 당해 궁지에 몰린 나머지 할 수 없이 변장(邊將)과 서로 싸워 스스로 항복하지 못하고 죽음의 길로 든 것이 아닌가 합니다."
>
> —『명종실록』, 명종 7년 7월 3일 계미 1번째 기사

윤개는 이들이 본래는 '상왜', 즉 상인인데, 난파된 후 어

쩔 수 없이 무력으로 대항한 것이라고 파악했다. 그리고, 명종도 윤개의 의견이 타당하다고 받아들였다. 당시 일본과 중국을 오가는 무역선은 당연히 밀무역자들에 의한 것이었다. 앞서 언급했듯이 조선은 약조된 것 이외의 변방을 범한 왜인은 적왜로 논한다는 방침을 정하고 있었다. 제주도에 표착한 '상왜'들도 이를 잘 알고 있었기 때문에 결국 극단적인 방법을 취했다고 생각할 수 있다. 이후에도 제주도에서는 이와 같이 '상왜'라고 생각되는 선박이 왜구로 취급되었던 경우가 나타난다.

왜구가 아니었지만, 왜구로 취급당해 억울한 일을 당하는 경우는 이 외에도 많았다. 특히 왜구를 단속하던 지방관 중에는 왜구를 토벌했다는 공적을 거짓으로 꾸미는 사람들도 있었다. 1401년(태종 1), 경상도의 만호가 왜선 1척을 잡아 15명을 참수하고 도적을 잡았다고 보고하여 후한 상을 받았는데, 그다음 해 일본에서 온 사신에 의해 그때 잡힌 선박에는 일본에서 파견한 사신들이 타고 있었다는 사실이 밝혀졌다. 이 경우는 요행히 사실이 밝혀졌지만, 그렇지 않은 경우가 많았을 수도 있다.

무역선이나 어선, 해상에서 표류하던 사람들이 왜구로 몰려 죽임을 당하는 것은 중국에서도 마찬가지였다. 조선 성종 대의 문신인 최부(崔溥)가 남긴 『표해록(漂海錄)』이라는 책이

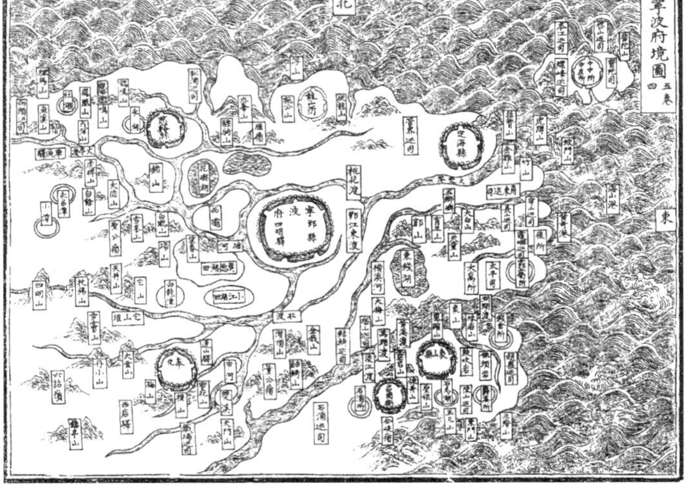

『주해도편』의 〈영파부도〉

있다. 최부는 1487년, 제주도에서 배를 타고 나주로 가던 중 풍랑을 만나 일행과 함께 바다를 표류하다가 중국 저장성까지 떠내려갔고 우여곡절 끝에 조선으로 돌아올 수 있었다. 최부가 그 과정에서 겪은 일들을 조선으로 돌아와 기록한 것이 『표해록』이다. 최부가 바다를 떠돌다가 상륙한 곳은 바로 닝보(寧波)였다.

최부가 이곳에 왔던 시기에는 왜구가 크게 문제가 되던 때는 아니었지만, 닝보는 왜구와 깊은 관련이 있던 곳이었다.

명나라 관헌 입장에서 최부 일행은 바다를 건너온 정체를 알 수 없는 사람들이었다. 이들은 육지에 상륙한 직후 체포되어 현지 관리의 심문을 받았다. 그리고 명나라 관헌은 곧 이들을 왜구로 의심했다. 왜구가 아니냐는 계속되는 추궁에 최부는 자신들이 풍랑으로 표류해 온 조선 사람이며 왜구가 아니라고 계속 부인했지만, 상대방은 이를 좀처럼 믿어 주지 않았다.

그런데 최부와 손가락으로 글자를 쓰며 의사를 소통하던 현지인이 있었다. 이 사람은 최부에게 동정적이었는데, 그는 놀랄 만한 사실을 알려 주었다.

"예전부터 왜적이 여러 번 우리의 변경을 겁탈하는 까닭으로 국가에서는 왜적(倭賊)을 방비하는 비왜도지휘(備倭都指揮)와 비왜파총관(備倭把摠官)을 설치하여 그를 방비하게 했는데, 만약 왜(倭)를 잡으면 모두 먼저 목을 베고 난 후에 보고하오. 지금 당신이 처음 배를 맨 곳은 사자채(獅子寨)의 관할지인데, 채(寨)를 지키는 관원이 당신을 왜(倭)라고 무고하여 목을 베어 바치고 공을 도모하려 했소. 그래서 먼저 보고하기를, '왜선 14척이 변경을 침범하여 사람들을 겁탈한다'라고 하고 군사를 거느리고 가서 당신을 잡아, 목을 베려고 했소. 그런데 그때 당신들이 먼저 배를 버리고 사람이 많이 사는 마을로 들어갔소. 그래서 그들은 꾀를 부리지 못했던 것이오. 내일은 파총관이 와서 당신들을 심문할 것인데, 당신이 거짓 변명하여 조금이라도 어긋나는 말이 있으면, 일이 불측하게 될 것이오."

최부와 이를 전해 들은 그의 일행들은 놀랄 수밖에 없었다. 이동하는 도중 현지인들이 그들을 가리키며 웃으면서 손을 목에 대고 베는 시늉을 했던 것이 자연스럽게 떠올랐다. 최부는 겁이 나 머리털이 곤두섰다고 했는데, 다른 사람들도 마찬가지였을 것이다. 이대로라면 꼼짝없이 왜구로 몰려 죽을 판이었다.

다행이었던 것은 최부의 식견과 의연한 자세, 그리고 무엇보다도 한문 능력이었다. 비록 말이 통하지는 않았지만, 파총관의 집요한 추궁에 최부는 하나하나 똑 부러지게 답변했다. 이런 최부의 필사적인 노력으로 최부 일행은 '왜'가 아닌 조선인, 그것도 표류자라고 밝혀져 죽음의 위기에서 벗어날 수 있었다. 그리고 이후 베이징을 거쳐 무사히 조선으로 돌아왔다.

최부 일행이 무사히 돌아올 수 있었던 이유 중 하나는 그가 한문을 통해 현지의 관리 등과 의사소통이 가능했기 때문이었다. 만약 그와 같은 한문 능력을 갖춘 사람이 없었다면 변명도 제대로 하지 못한 채 왜구로 몰려 죽임을 당할 수밖에 없었을 것이다. 명나라의 조정은 왜구를 토벌했을 때 이에 대해 높은 보상을 해 주었다. 지방의 관리로써는 표류자를 살해하고 그들이 왜구였다고 조정에 보고하면 그에 대한 은상을 받을 수 있었다.

명나라의 조정에서는 지방관에 의해 살해당한 사람들이 진짜 왜구였는지 단순한 표류자였는지를 확인할 방법이 거의 없었다. 최부 이전에 표류해 왔다가 왜구로 몰려 죽은 사람들은 어느 지역에서 표류해 온 사람이었는지 알 수 없지만, 그야말로 단순한 표류자였을 가능성이 많다. 그렇지만 이들은 왜구로 취급되어 그에 준해 처벌당했다. 이들에 대한 기록은 다른 곳에서 확인되지 않지만, 만약 공식적인 기록이 남아 있었다면 이들은 왜구라고 기록되었을 것이다.

조선의 표류자가 명나라에서 '왜구'로 체포되었다가 돌아온 일은 그 전인 세종 때에도 있었다. 1443년(세종 25) 7월, 명나라 황제의 칙유(勅諭)에는 "요사이 절강 도사(浙江都司)가 해문위(海門衛)에서 왜구 7명을 생포하여 북경으로 압송해 왔는데, 1명은 길에서 병으로 죽었다"라고 하면서 이들이 바다에서 고기를 잡다가 음력 5월에 표류해 저장성으로 왔다고 주장하니 조선에서 그 진위를 확인해 처리하도록 조선 조정에 전했다. 그 후 조사 끝에 오해가 풀려 이들은 조선으로 송환되었지만, 그 무렵은 한동안 잠잠했던 왜구가 중국 대륙에서 다시 문제를 일으켰던 때였기 때문에 자칫하면 그대로 왜구로 몰려 처벌당했을 수도 있었다.

이렇게 조선이나 명나라에서 표류자들을 왜구로 취급하고 처벌했기 때문에 왜구가 아니었던 사람들이 왜구가 되는 경우도 있었다. 가정왜구가 한창이던 1553년(가정 32) 음력 4월, 저장성 염읍(鹽邑)에서 노략질을 벌인 60여 명의 왜인이 있었다. 이들은 상륙하자마자 그 지역의 사람들에게 자신들은 노략질하러 온 것이 아니라며, 음식과 그들이 타고 돌아갈 배를 요구했다.

그런데 지방관이 이들을 체포하려 하자 그들은 마을 사람들을 붙잡아 길 안내를 시키고 중국의 옷을 훔쳐 입어 중국인으로 가장한 뒤 결국 배를 빼앗아 떠났다. 그들의 말이나 행동 양식을 보면 당시 노략질을 하러 왔던 '왜구'와는 큰 차이가 있다. 이렇게 표류해 왔다가 노략질로 이어지는 경우는 이 외에도 찾아볼 수 있는데, 명나라의 관헌들에게 이들은 어디까지나 왜구였고 또한 역사에도 그렇게 기록되었다.

조선도 비슷한 상황이었다고 할 수 있다. 1545년(명종 즉

위년), 큰 선박에 화물을 가득 실은 중국인들이 풍파를 만나 양도(洋島)에 정박했는데, 그 지역의 현감이 주민들과 함께 이들을 거침없이 사살하고 그들의 물건을 빼앗았다. 아무 저항도 못하던 표류인들은 마구 쏘아대는 화살에 거의 다 죽었고 물에 빠져 죽은 사람들도 많아서 그 숫자가 얼마인지를 모를 정도였다고 한다. 수백 명이 간신히 살아남았는데, 울면서 항복을 청하고 심지어 자신들은 명나라 사람이라고 글씨를 써서 보였지만 현감은 모르는 체하면서 더욱 잔인함을 부렸다. 더군다나 이들은 물건을 빼앗은 것에 만족하지 않고 왜적을 잡았다며 조정에 보고해 은상을 받으려고까지 했다.

이후 진상이 밝혀져 이들에 대한 처벌이 조정에서 의논되었다. 당초에는 이들이 항복해 온 사람들의 물건을 빼앗고 살상한 죄를 지었기에 "참부대시(斬不待時)", 즉 사형에 준하는 것으로 처벌하고자 했지만, 결과적으로는 "일을 신중하게 처리하지 않아서 생긴 일"이라고 하여 '장일백 · 도삼년(杖一百 · 徒三年)', 즉, 태형 100대와 3년간의 노역형을 선고했다. '장일백 · 도삼년'도 중벌이라고 할 수 있지만, 『명종실록』의 사관(史官)이 "인륜을 저버리고 어버이를 망각한 심각한 죄"를 저질렀다고 말한 사람에게 내린 형벌로서는 상대적으로 관대한 것이었다.

표류자들이 체포되어 처벌받는 경우는 이후에도 계속

되었다. 표류해 온 중국인들도 체포되어 처벌받는 일이 많았으므로 일본인인 경우는 말할 것도 없었다. '적왜'라고 죽임을 당한 사람들 중에는 배가 부서져 어쩔 수 없이 육지에 올라갔다가 항복하지 못하고 죽음의 길로 들었던 경우가 적지 않았다.

이런 상황이 반복되자 명종은 1554년(명종 9), "왜인들이 바람에 표류하여 어쩔 수 없이 우리나라에 이르게 된 것을, 변장이 적왜라 하여 죽이는 것은 옳지 않다. 다음에 만일 바람에 표류해 와서 글로 써 보이며 애걸하면 죽이지 말도록 하라"라고 명령을 내렸다. 그렇지만 여기에는 적지 않은 반발이 있었고 이후에도 비슷한 일들은 일어났다. 특히 그다음 해인 1555년, '조선 최대의 왜변'인 을묘왜변(乙卯倭變)이 터지는 바람에 표류자들이 왜구로 처벌받는 일은 더욱 많아졌다.

후에 조공 업무를 담당하는 예조에서는 "마침 태풍을 만나 배를 잘 젓지 못하여 곧바로 닻을 내리지 못한 것을 도적질하러 온 왜구로 단정하고 잘못하여 변방의 장수에게 죽임을 당한다면 저들의 귀부하는 마음을 막고 변방의 분란을 조성하지 않겠습니까?"(『명종실록』, 명종 19년 8월 25일 갑오 1번째 기사)라고 걱정하며 그 분별을 더욱 철저히 할 것을 당부하였다. 그러나 그 이전까지 그리고 그 뒤에도 많은 사람이 왜구로 몰려 왜구로서 죽임을 당했다.

'왜구로 만들어지는 경우'는 '왜구의 시대'가 끝난 뒤에도 이어졌다. 지방관의 사리사욕에 의해 표류자들이 왜구로 몰려 죽임을 당하는 일은 광해군 때도 있었다. 1611년(광해군 3)에 제주 목사와 판관이 왜적을 물리쳤다며 장계를 올려 이에 대해 조정에서는 상전(賞典)을 내려 주었다. 그런데 나중에 이를 조사해 보니 실상은 중국의 난징(南京) 사람들과 안남(安南: 베트남)의 상인들이 재화를 싣고 표류해 왔는데, 제주 목사 등은 이들에 대해 처음에는 예우하며 여러 날 동안 접대하다가 배에 실려 있던 재물에 욕심이 생겨 그들을 모두 죽이고 물건을 몰수했을 뿐만 아니라 왜구를 토벌했다고 조정에 거짓으로 보고했던 것이었다.

사헌부가 전한 바에 따르면 그들이 타고 있던 배는 겉모습만 보더라도 왜구의 배가 아닌 것이 분명했다고 한다. 이런 사정이었으니 일본 배를 타고 있던 일본 상인이 이와 비슷한 일을 당했다면 그대로 왜구로서 역사에 기록되었을지도 모른다.

중앙정부에서 파악하기 어려운 변경·바다의 영역에서 왜구는 여러 가지 명목으로 써먹을 수 있는 존재였다. 1483년(성종 14), 전라도의 조운선을 운항하던 책임자들은 시일이 늦어져 기일에 미치지 못하게 되자 왜구에게 습격당해 의복과 식량을 약탈당하고 6명이 살해되었다는 거짓 보고를 했다. 국가의 기강이 잡히고 내정이 안정되었던 시기에도 이런 일들이 있었던 것을 보면 그렇지 않았던 때는 과연 어땠을까? 상상에 맡길 따름이다.

6장

16세기의 후기왜구

명나라 때의 기록에는 왜구가 바다를 건너 중국 대륙의 연안 지역에 오면 여기에 해구가 더해지고 이들과 합쳐 육지에 오르면 여기에 다시 산구(산적)가 합쳐져서 활동한다는 설명이 있다. 이런 과정을 통해 큰 무리를 이루게 되는데, 현지에서 붙잡힌 포로들도 억지로 끌려다니며 노략질에 동원되었다. 그런데 이렇게 편입된 사람들은 오래 지나면 진짜 왜와 구분하기가 힘들었다고 한다.

1. '왜구'가 된 사람들 – 16세기에 주력이 된 중국인 왜구

잠잠하던 왜구가 다시 큰 문제가 된 것은 16세기 중국에서였다. 이 시기 조선에도 왜구 문제가 없던 것은 아니지만 왜구의 주 활동 무대는 중국 대륙이었다. 명나라 초의 왜구가 막 건립한 왕조의 안정을 해치는 존재이기는 했지만, 그 피해는 제한적이었다. 그러나 16세기의 왜구는 명나라의 통치체제가 문란해진 속에서 전기왜구와는 비교가 안 될 정도로 큰 피해를 주었다.

명나라에서 왜구의 침입은 북방민족의 위협과 더불어 '북로남왜(北虜南倭)'라고 불릴 정도로 국가 운영을 위협하는 심각한 문제였다. 16세기에서도 특히 가정 연간(嘉靖年間,

《왜구도권》에서 묘사된 왜구의 상륙 모습(일본 도쿄대학교 사료편찬소 소장)

1522~1566)에 왜구의 피해가 집중되기 때문에 중국에서는 후기 왜구(後期倭寇)를 흔히 '가정왜구(嘉靖倭寇)'라고 부른다.

후기왜구는 명나라가 국초부터 강력하게 금지했던 사무역과 밀접한 관련이 있다. 명나라의 '해금 정책'이 점차 느슨해지면서 15세기 말부터 저장이나 푸젠과 같은 동남 연안 지역의 사람들이 바다로 나가 사무역, 즉 밀무역 활동을 활발하게 펼치기 시작했다. 사무역자들은 동남아시아나 일본과의 무역을 통해 큰 이익을 거두었다. 때마침 동남아시아까지 진출해 왔던 포르투갈의 상인들을 중국의 연안으로 끌어들이고 나중에는 일본에까지 이르게 한 것도 중국의 사무역자들이었다.

이들은 명나라의 법령을 어기고 바다에서 활동하던 사람들이었기 때문에 명나라의 관헌으로부터는 보통 해구(즉 해적)라고 불렀다. 해구로 불리기는 했지만, 이들은 지역의 유지나 지방관들과 유착 관계를 맺은 경우가 많았고 그들에게도 많은 이익을 가져다주었기 때문에 지방 관헌의 묵인하에 중국 대륙의 연안·도서 지역에 거점까지 두고 대대적으로 밀무역을 행했다.

그런데, 명나라에서 다시 밀무역 억제에 힘을 쓰면서부터 상황이 급변한다. 1548년(가정 27), 밀무역의 중심지였던 솽위(雙嶼)가 명나라 군대의 공격으로 괴멸되었다. 이때 이곳을 거점으로 삼았던 주요 밀무역자들이 관군에 의해 체포되었는데 요행히 도망친 사람들도 있었다. 그 이후 도망친 밀무역자 중에서 무장을 강화하고 폭력적인 약탈 행위를 하는 사람들이 늘어났다.

특히 그전부터 일본을 오가며 밀무역을 행하던 사람들은 여기에 일본 사람들을 끌어들였다. 때마침 당시 일본은 전국시대라는 유례없는 혼란기에 접어들었던 때였다. 중국의 부(富)에 매료된 사람들이 중국인들에 이끌려서 다시 왜구가 되어 중국 대륙으로 향했던 것이다. 중국 대륙의 통치체제 문란과 일본의 정치적 혼란이라는 국제적 환경은 14세기의 그것과도 비슷했다.

엄격히 말하면 '가정왜구'가 본격적으로 문제가 되기 시

《왜구도권》에서 묘사된 왜구의 약탈 모습(일본 도쿄대학교 사료편찬소 소장)

작한 것은 밀무역자들이 무력을 동반한 약탈자로 변모하면서 부터이다. 그렇지만 밀무역을 하던 때도 명나라 관헌의 입장에서 이들은 국법을 어긴 엄연한 해적이었기 때문에 어느 시기로 딱 잘라서 '상인'과 '해적'으로 구분해 생각하는 것은 어렵다. 더군다나 밀무역을 주로 하고 있을 때도 밀무역 과정에서의 분란으로 폭력 사건이 발생하는 경우가 있었다. 후기왜구에 이렇게 복합적인 면이 많기 때문에 후기왜구의 정의나 그 성격 등에 대한 학자들의 의견이 나누어지기도 한다.

16세기의 '후기왜구'가 그전의 왜구와 크게 달라진 점은 무엇보다도 왜구의 구성원을 봤을 때 중국인이 더 많거나 때로는 중국인만의 왜구도 존재했다는 것이다. 그리고 이를 지휘하는 사람, 즉, '왜구 두목'에도 중국 출신의 사람이 많았다. 후기

왜구와 관련한 기록에는 '왜구'라고 불리지만, 그 무리에 '진짜 왜(眞倭)는 많아야 2~3할, 가짜 왜(僞倭)·위장한 왜(假倭)가 대부분'이라는 표현이 많다.

'가짜 왜'도 세분되는데 일본에서 출발할 때부터 중국인들이 섞여 있는 경우도 있었지만, 수적으로는 왜구들이 중국 대륙에 도착한 이후 합류한 현지의 중국인들이 훨씬 많았다. 명나라 때의 기록에는 왜구가 바다를 건너 중국 대륙의 연안 지역에 오면 여기에 해구가 더해지고 이들과 합쳐 육지에 오르면 여기에 다시 산구(산적)가 합쳐져서 활동한다는 설명이 있다. 이런 과정을 통해 큰 무리를 이루게 되는데, 현지에서 붙잡힌 포로들도 억지로 끌려다니며 노략질에 동원되었다. 명나라 때의 소설 중에는 왜구에 잡혀간 사람들이 당한 고초를 생생하게 전하는 다음과 같은 내용이 있다.

> 왜구는 중국인을 발견했다고 모두 죽이는 것은 아니다. 여자를 포로로 붙잡으면 하고 싶은 대로 간음하고 마음껏 농락한 뒤 죽이지 않고 놓아준다. 그중에는 정을 베푸는 왜노들도 있어서 남몰래 물건을 주는 경우도 있다. 남자의 경우는 노인이나 아이들만을 죽이고 힘쓸 것 같은 남자라면 억지로 잡아 노복(老僕)으로 쓰는데, 머리를

깎고 옻칠을 하여 왜노로 변장시켜서 칼이나 창을 주고 싸우는 법을 익히게 한다. 싸움이 벌어지면 이들을 진의 앞에 세우고 나아간다. 관군들은 단지 머리만 하나 베어도 은상이 내려지기 때문에 부스럼으로 머리가 조금이라도 벗겨졌다면 보통의 선량한 백성이건 말건 그 머리를 베어 자신의 공으로 하려고 했다. 더군다나 전장에서 붙잡히면 진짜이건 가짜이건 결코 용서받지 못한다. 게다가 머리를 깎인 가짜 왜노들은 "어떻게든 살아날 수 없다면 왜구에 의지하는 편이 차라리 낫다"라고 생각하게 되어 왜노와 함께 흉포하게 칼을 휘두른다. 진짜 왜노는 가짜를 앞세워 돌진시키고 자신들은 뒤에서 천천히 전진하기 때문에 관군은 종종 이 계략에 걸려 당하고 만다.

—풍몽룡(馮夢龍), 「양팔로월국기봉(楊八老越國奇逢)」

소설이기는 하지만 이런 내용은 당시의 정황을 반영한 것이다. 후기왜구 때는 왜구가 한 지역을 오랫동안 점거하는 경우가 많았는데, 점거한 지역의 사람들을 붙잡아 머리를 깎고 왜구에 편입시켰다. 그런데 이렇게 편입된 사람들은 오래 지나면 진짜 왜와 구분하기가 힘들었다고 한다. 명나라 군대에 의해 왜구가 토벌되면 많은 포로가 해방되었는데, 대부분의 경우 참수되거나 사로잡힌 왜구의 숫자보다 포로들의 숫자가 훨씬 많았다. 이와 같은 현상 때문에 처음 바다를 건너온 100~200여 명의 왜구가 나중에는 수만 명에 이르는 거대 집단을 이루는 경우도 있었다.

그런데, 이 시기의 왜구에도 여러 유형이 있었다. 앞서 소개했지만, 일본인만으로 이루어진 단순한 표류자들이나 노략질을 하지 않은 밀무역 상인도 왜구로 취급당했다. 일본과 관련이 있는, 혹은 관련성이 없더라도 명나라 관헌의 기준에서 바다에서 발생한 불법적인 행위를 모두 '왜구'로 보았기 때문에 똑같이 '왜구'라고 불렸어도 그 실상에는 큰 차이가 있었던 경우도 많다.

2. 왕직, 왜구의 왕이 되다

많은 중국 출신의 왜구 지도자 중 가장 대표적인 인물이 '왜구왕(倭寇王)'으로 불리는 왕직(王直, 혹은 汪直)이다. 왕직은 후이저우(徽州) 출신으로 호를 오봉(五峰)이라고 했다. 중국의 기록에 의하면 1545년(가정 24), 처음으로 일본에 가서 교역을 하고 하카타의 일본인을 쌍위로 끌어들여 밀무역을 행했다고 한다.

일본의 기록에는 1543년, 포르투갈 사람이 규슈 남부의 다네가시마[種子島]에 표착해 화승총(鐵砲)을 전했을 때, 표착한 배에 '오봉'이라는 '대명국(大明國)의 유생(儒生)'이 타고 있었다는 내용이 있다. 이 유생이 왕직이었다는 것은 거의 정설로 되어 있지만, 왕직이 오봉이라는 호를 사용하게 된 것은 1548년의 쌍위 괴멸 후 일본의 고토 제도에 근거지를 두면서부터라는 기록이 있기 때문에 '대명국 유생'은 왕직이 아닐 수도 있다.

쌍위의 괴멸은 왕직에게 새로운 기회이기도 했다. 왕직이 한때 섬겼던 허동(許棟) 등 밀무역의 주요 우두머리들이 관헌에 의해 체포되거나 처형된 후 왕직은 남은 무리를 수습해 최대 세력을 이루었다. 그리고 밀무역이 가능한 새로운 곳을 찾아 근거지로 삼은 것이 일본의 고토 제도였다. 왕직의 무리가 고토 제도에 왔을 때 그곳의 사람들은 이들을 적극적으로 환영했다고 한다.

고토 제도를 근거로 왕직은 중국으로의 밀무역과 약탈 행위에 나섰는데, 왕직 자신은 히라도의 저택에서 생활했다. 왕직이 히라도에 거처를 둔 것은 그 지역의 영주인 마쓰우라씨와 관련이 있었던 것 같다. 당시 히라도는 중국의 무역선이 활발히 드나들며 해외의 귀중한 물건이 들어왔고, 이를 구하기 위해 일본 각지의 상인들이 모여들어 '서쪽의 교토'라고 불릴 정도로 번성했던 국제 무역항이었다. 왕직이 중국이나 동남아시아에서 가져온 물건은 히라도를 통해 일본 전국으로 전해졌다.

히라도의 왕직은 2천여 명의 부하를 거느리고 호화로운 저택에서 항상 비단옷을 입는 등 사치스럽게 살았다고 한다. 또한 근거지인 고토 제도에서 3백여 명을 태울 수 있는 큰 배

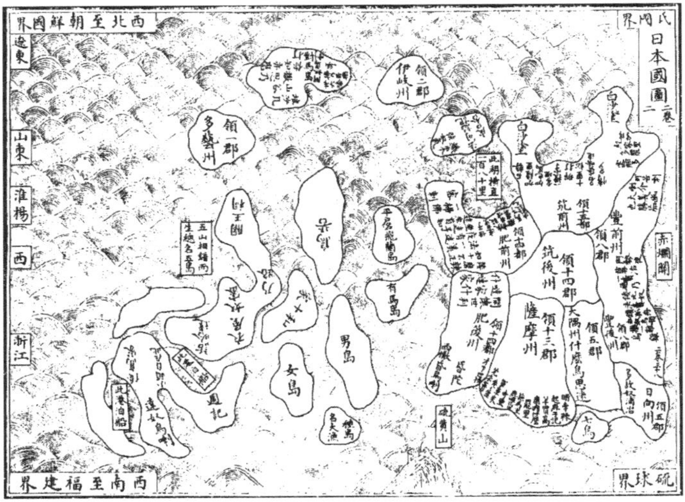

『주해도편』〈일본국도〉의 규슈 도서 지역 부분. 고토 제도, 히라도, 쓰시마섬 등도 묘사됨

를 만들어 바다에 띄웠는데, 36도(島)의 왜인(夷)이 모두 그 지휘를 따랐으며, 때때로 왜인과 한병(漢兵, 중국인 병사)을 10여 개의 길로 나누어 중국으로 보내서 연해의 군현들을 수천 리에 걸쳐 약탈하게 했다.

이 무렵의 왕직은 중국에게는 약탈 무역을 감행하는 왜구, 즉 해적의 두목이었던 한편 일본인의 입장에서는 무역의 대행자이자 밀무역의 조정자로서의 역할도 겸하고 있었다. 그야말로 해적과 상인의 양면성을 가진 존재였다. 왕직은 규슈의 유력 영주들과도 교류가 있었던 것으로 여겨지는데, 이들로부터 단순한 상인 이상의 대접을 받고 있었음이 틀림없다. 왕직은 그의 출신 지역 명칭을 따서 '휘왕(徽王)'이라고 자칭했다고 하는데, 그 위세가 대단했음을 알 수 있다.

왕직이 고토 제도로 옮겨 간 직후부터 무력을 동원한 약

가정 연간 왜구의 침구 횟수

연호(서기)	횟수	연호(서기)	횟수
가정 2(1523)	1	가정 32(1553)	64
가정 3(1524)	1	가정 33(1554)	91
가정 12(1533)	1	가정 34(1555)	101
가정 13(1534)	1	가정 35(1556)	68
가정 14(1535)	1	가정 36(1557)	25
가정 19(1540)	2	가정 37(1558)	32
가정 21(1542)	1	가정 38(1559)	56
가정 24(1545)	1	가정 39(1560)	15
가정 26(1547)	2	가정 40(1561)	22
가정 27(1548)	2	가정 41(1562)	20
가정 28(1549)	1	가정 42(1563)	18
가정 29(1550)	1	가정 43(1564)	5
가정 30(1551)	2	가정 44(1565)	3
가정 31(1552)	13		

탈에 적극적으로 나섰던 것은 아니었다. '16세기 왜구'라고는 하지만 그 절반이 지나간 1551년(가정 30)까지는 왜구의 폭력적인 약탈 활동이 그렇게까지 많았던 것은 아니다. 이른바 '가정 대왜구'가 폭발한 것은 1553년을 전후해서이다.

애초에 중국 연안에서 왜구의 약탈 사건이 발생하자 저장의 해방 담당자는 왕직 등에게 관군을 도와 이들을 토벌하면 무역을 허가해 주겠다는 제안을 했다. 왕직은 이에 응해 왜구 및 해적을 토벌하고 사로잡은 사람들을 관헌에 넘겼다. 특히 1551년에는 라이벌 세력인 진사혜(陳思盻)를 공격, 그를 사로잡아 명나라 관헌에 바치고 그 선단과 재화 등을 빼앗아 가졌다. 그리고 진사혜의 본거지였던 저우산군도(舟山群島) 정해(定海) 부근의 역항(瀝港, 列港·烈港이라고도 함)을 새롭게 밀무역의 중심지로 삼았다.

그러던 중, 1552년(가정 31), 저장성 연안에서 왜구들이 각지를 약탈하는 일이 있었는데, 명나라 조정에서는 역항을 이들 왜구의 소굴이라고 여기고 대대적인 토벌 작전에 나섰다. 다음 해인 1553년, 왜구 토벌의 명장으로 칭송되는 유대유(兪大猷)가 군대를 이끌고 대대적으로 역항을 공격했다. 관군에 패배한 왕직은 히라도로 돌아와 은거하며, 그 이후에는 부하들만 중국으로 보내 대대적으로 약탈 활동을 벌이게 했다.

중국 연안에서 왜구의 활동이 극성을 이루게 되는 것은 이때부터이다. 특히 일본에서 중국으로 간 왜구에 현지의 많은 사람이 더해지면서 왜구에 의한 피해는 더욱 커졌다. 왕직 외에도 많은 중국인 왜구 지도자들이 있었는데, 특히 1555년(가정 34), 본격적으로 활동을 시작한 서해(徐海)·진동(陳東)·섭마(葉麻, 혹은 麻葉) 등이 이끈 왜구들은 그 무리가 수만에 이르렀다고 할 정도였으며 그 규모만큼이나 피해 역시 매우 심각했다.

1555년은 왜구의 최전성기였다고 말하기에 충분했다. 왜구가 활동한 수는 역대 최고였고 일부 왜구들은 남부 지방의 가장 중요한 도시인 난징까지 공격하기도 했다. 피해 지역과 피해 규모는 커졌지만, 명나라의 군대는 왜구에게 대패당하는 등 왜구를 제대로 막지 못했다. 명나라의 관리들은 무력진압에 한계를 느끼고 왜구 지도자들에 대한 회유책을 고려하기도 했다.

이렇게 중국 대륙에서 왜구가 극성을 보이고 있던 바로 그때, 조선 중기 최대의 왜구 사건인 '을묘왜변'이 터졌다.

고토 제도에 남아 있는 명인당(좌)과 육각정(하)[고토시 관광협회(五島市観光協会) 제공]. 고토 제도에는 왕직의 흔적이 남아 있는데, 고토 제도에 정착한 왕직 등 중국인들이 항해의 안전을 기원하기 위해 세운 사당인 명인당과 식수 및 선박 용수를 위해 만들었던 중국식 우물인 육각정 등이 있다. 특히, 육각정은 입구부터 우물의 벽면까지 육각형으로 석판을 둘러싼 형태로, 일본식의 우물과는 다른 독특한 모습인데, 고토 제도에 남아 있는 후기왜구와 직접 관련된 대표적 유적으로 꼽힌다. 현재의 명인당은 1999년 개축되었다

3. '왜구(일본인 해적)' 없는 '왜구(일본의 해적)'에 의한 '을묘왜변'

중국인과 일본인으로 구성된 '가정왜구'의 활동은 조선과도 무관하지 않았다. 16세기 중엽부터 조선의 연안에는 '황당선(荒唐船)'이라는 배가 자주 출몰했다. '황당선'이란 왜선인지 당선(唐船, 중국의 배)인지가 불분명한 선박을 조선에서 지칭한 명칭이다. 조선에서 황당선의 정체를 판단하기 쉽지 않았던 것은 그 선박의 형체보다는 배에 타고 있던 사람들의 신원이 복잡했기 때문이다.

중국인(明人)과 일본인이 섞여 있는 경우는 물론, 중국인이면서도 일본인의 복장을 한 사람도 있었고 그 외에 국적을 알 수 없는 사람들도 있었다. 황당선이 모두 왜구였다고는 할 수 없지만, '가정왜구'처럼 당시 동아시아의 해상 세계에서 중국인과 일본인, 그리고 때에 따라서는 그 외의 사람들도 연합해 활동하고 있었음을 잘 보여 준다.

가정왜구가 폭발하는 시점인 1553년(명종 8), 중국 대륙의 왜구 상황이 쓰시마섬을 통해 조선에도 전해진다. 1544년(중종 39)의 사량진왜변으로 조선은 쓰시마섬과의 통교를 끊었고 이후 1547년(명종 2), 정미약조(丁未約條)를 통해 일본과의 통교가 재개되었지만, 그전에 비해 매우 제한적이었다.

쓰시마섬으로서는 어떻게 해서든 조선의 신뢰를 얻어 조선과의 관계를 회복할 필요가 있었다. 신뢰를 회복하기 위한 쓰시마섬의 수단 중 하나가 왜구에 대한 정보의 제공이었다. 1553년(명종 8) 윤3월, 쓰시마섬의 도주 소 모리나가(宗盛長)는 조선 조정에 새로운 약조를 맺게 해 줄 것을 청하며 다음과 같은 '왜구의 상황'을 언급하고 있다.

> "근년에 서융이 봉기하여 중국 상인과 합심협력(合心協力)해 명나라를 쳐서 주군(州郡)의 보물을 탈취하고 귀인(貴人)의 자손을 잡아갔습니다. 해마다 이런 사정을 진술하였으나 귀국에서는 신들의 말을 터무니없는 거짓말로 여기니 부끄럽기 그지없습니다. 근년에 귀국 해변이

평안한 것은 신들의 힘입니다. 이제 듣자 하니 금년에 또다시 서융이 수천 척의 배를 몰고 명나라로 갔다고 합니다."

—『명종실록』, 명종 8년 윤3월 10일 병진 6번째 기사

여기서 서융(西戎)이란, 쓰시마섬을 중심으로 그 서쪽 지역 사람들을 지칭한다. 왕직 집단이 은거했던 고토 제도나 마쓰우라 지방이 이에 해당한다. 일본인과 중국 상인이 협력해 왜구가 되어 명나라에 약탈하러 간다는 내용은 가정왜구의 상황을 잘 전해 주는 내용이다. 다만, '수천 척의 배'는 지나치게 과장된 것이고 쓰시마섬의 노력으로 조선의 해변이 보호받을 수 있었다는 것도 거짓이다.

이 시기의 왜구는 중국의 동남 연안을 향해 고토 제도에 모여 바로 서쪽으로 직행하거나 남쪽으로 오키나와 열도를 거쳐 가는 것이 보통이었다. 또한 쓰시마섬이나 도주인 소씨는 그전과는 달리 이 시기 왜구와 관련해서 할 수 있는 일이 거의 없었다. 쓰시마섬은 더 이상 왜구의 주력이 아니었고 왜구를 주도하는 세력에도 영향력을 미칠 수 없었다. 그럼에도 불구하고 쓰시마섬 측은 조선의 신뢰를 얻고자 그들이 여전히 왜구 문

제를 해결할 수 있는 위치에 있다고 조선에 어필했던 것이다.

쓰시마섬의 이런 노력은 어느 정도 성공을 거두었다. 조선 조정이 쓰시마섬의 노력을 인정해 특별히 미두를 지급하고 세견선의 인원수 점검을 폐지하는 조처를 취한 것이다. 그런데 이때 조선 조정이 쓰시마섬에 회답한 논조는 다음과 같이 다소 의외였다.

> "족하의 글 속에서 말한 서융이 명나라 상인과 결탁하여 명나라의 남변(南邊)에서 난을 일으켰다는 것은 이미 들었다. 그러나 비록 우리나라 해역으로 오는 자가 있다 할지라도 어찌 이들이 반드시 명나라를 어지럽힌 선박이라고 단정할 수 있으며 어찌 중간에서 이를 빙자하여 변을 일으킬 무리가 아니라는 것을 알겠는가. 이와 같은 간적(姦賊)은 항상 있는 것도 아니고 그렇다고 항상 없는 것도 아니니, 아무 일도 없을 때 터무니없는 말로 허풍을 떨어 바라는 것을 얻고자 하지 말고, 일이 있으면 한편으로는 보고하고 한편으로는 적을 막는 것이 귀도(貴島)가 지성으로 사대(事大)하는 도이다."
>
> —『명종실록』, 명종 8년 윤3월 10일 병진 6번째 기사

조선도 중국에서의 상황을 어느 정도는 알고 있었는데 조선 연안에 나타나는 배들이 왜구인지 아닌지 알 수가 없고 그런 간적은 있기도 하고 없기도 하는 것이므로 아무 일도 없을 때 허풍을 떨어 바라는 것을 얻고자 하지 말라고 쓰시마섬에 도리어 충고한 것이다.

조선 조정은 중국에서의 왜구 상황이 조선에는 그다지 큰 영향을 주지 않을 것이라고 생각했던 것 같다. 『명종실록』에서 사관도 이 문제를 지적하고 있는데, "이때 태평이 오래 계속되어 인심이 나태(懦怠)하고 병사(兵事)를 익히지 않았기 때문에 제주(濟州)에 왜변(倭變)이 생기자 장졸(將卒)들이 허겁대고 지키지 못하여 죽거나 잡혀간 자가 태반(殆半)이었다"라고 쓰고 있다. 1544년의 사량진왜변 이후 약 10년 동안 왜구 사건이 발생하지 않았던 것이 조선 조정의 안이한 태도를 낳았던 것이다.

쓰시마섬으로부터의 보고 내지 왜구 침입에 대한 경고는 을묘왜변이 터지기 2달 전에도 있었다. 1555년(명종 10) 음력 3월, 쓰시마섬 측은 조선이 매해 내려 주던 미두의 양과 세견선의 제한을 그전과 같이해 줄 것을 또다시 조선 조정에 요청하며 왜구와 관련해 다음과 같이 말하고 있다.

"근년 서융이 마구 일어나 먼 대명국에까지 배를 타고

건너가기를 수없이 합니다. … 또 전하기를, '일본국 서융들이 지난 10월부터 올봄까지 대명에서 도적질하려고 다투어 건너간 것이 수만 척이다'라고 했습니다. 자세히 서융들이 음모한 것을 들어보건대 '귀국 바다로 해서 대명에 간다면 바닷길이 매우 가까우므로 먼저 귀국 바다로 가면 대명에서 도적질할 수 있다'라고 합니다. 만일 우리가 지키는 바다를 지난다면 모조리 죽여 충성을 바칠 것입니다. 훤하게 하늘이 내려다보고 있으니 이 일은 헛된 말이 아닙니다. 단단히 연해변을 신칙(申飭)하여 병비를 갖추게 해야 할 것입니다."

—『명종실록』, 명종 10년 3월 20일 을묘 4번째 기사

수천 척이 수만 척으로 늘어나고 '서융들의 음모'라는 내용이 구체적으로 더해졌을 뿐, 사실 대체적으로 2년 전의 내용과 대동소이하다. 이에 대해 조선 예조에서는 미두 30석만을 특별히 내려 주고 쓰시마섬 측의 요청은 모두 거부했다. 수만 척까지는 아니지만, 쓰시마섬에서의 보고는 중국 대륙에서 왜구 활동이 격화되던 사실과는 어느 정도 부합한다. 을묘왜변이 발생하기 2달 전에 실제로 그와 관련된 정보를 쓰시마섬이

알게 되어 조선에 경고한 것인지 단순히 의례적인 보고였는지의 여부는 확실하게 알 수 없다. 여하튼간에 이번에도 조선은 이런 경고에 대해 크게 개의치 않았다. 그런데 「양치기 소년」의 이야기처럼 이번에는 실제로 일이 터지고 말았다.

1555년(명종 10) 음력 5월 11일, 왜선 70여 척이 전라도 해남의 달량포(達梁浦)에 정박했다가 이진포(梨津浦)와 달량포에서 동쪽과 서쪽으로 나뉘어 육지에 상륙한 뒤 성 아래의 민가를 불태우는 등 노략질을 했다. 이 소식을 전해 들은 전라도 병마절도사 원적(元績)이 장흥 부사 한온(韓蘊), 영암 군수 이덕견(李德堅) 등과 함께 달량포를 구원하기 위해 출전했으나 오히려 달량포 성 안에서 왜구에 의해 포위당하고 말았다. 성안의 식량이 다 떨어지자 원적은 화해를 시도해 보려고 했지만, 왜구에 의해 성이 함락되고 원적과 한온은 그 와중에 죽임을 당했다. 주요 장수 중 이덕견만 항복을 청해 목숨을 건졌는데, 그 후 왜구들의 요구를 담은 편지를 들고 풀려났다.

전라도 병마절도사가 이끄는 정예 부대가 패한 것은 물론, 각 지역의 성을 지키는 수비 장수들이 겁을 먹고 도망치는 사태가 속출하는 상황에서 왜구들은 별 저항도 받지 않고 음력 5월 하순까지 어란포·장흥·강진·진도 등 전라도 연안의 각지를 유린했다. 이덕견을 통해 조선 조정에 보낸 편지에서 왜구

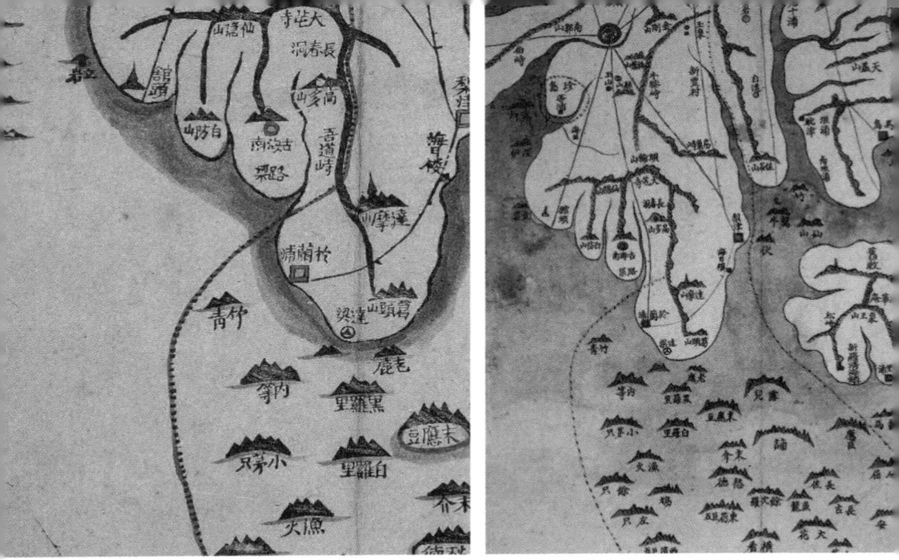

《대동여지도》(좌)와 《대동방여전도》(우)에 그려진 달량 부근

들은 조선에 군량을 요구하면서 서울까지 올라가겠다고 위협을 가했다.

이런 급박한 사태에 조선 조정은 금군(禁軍) 등 정예 부대를 동원하고 호조판서 이준경(李浚慶)을 전라도 도순찰사로 임명해 왜구를 토벌하도록 했다. 정예 부대가 파견되자 전주부윤(全州府尹) 이윤경(李潤慶) 등은 이들과 함께 음력 5월 25일 영암에서 왜구 백여 명을 죽이는 등 승리를 거두었다. 영암에서 패한 왜구들은 배를 타고 바다로 퇴각했는데, 조선군은 더 이상 왜구들을 추격하지 않아 더 큰 피해를 주지는 못했다. 그리고 후에 이들의 일부가 제주도에 나타나기도 했다. 왜구가 달량포에 침입해 물러가기까지의 기간은 보름 정도에 불과했지만, 조선 조정이 받은 충격은 매우 컸다. 왜구를 막아야 할 지방관들이 도망가고, 서울까지 올라오겠다는 왜구들의 위협은 큰 수치이기도 했다. 조선 조정 안에서는 책임 추궁이 이어지고 재발을 막기 위한 방안이 모색되었다.

그런데 이때의 왜구는 그 이전의 왜구나 삼포왜란·사량진왜변과 같은 사건들과는 다른 면이 많았다. 이덕견이 가져온 편지는 일본인이 사용하지 않는 '가정 34년'이라는 중국의 연호를 사용하고 있었고 문장에도 중국식의 표현이나 단어가 사용되고 있었다. 이 때문에 조선에서는 이 왜구에 중국 사람이 있거나 혹은 이들이 중국에도 익숙하게 다니는 자들일 것이라고 생각했다. 또한 이전 쓰시마섬으로부터의 경고와도 관련해 이번 왜구들은 중국에서 도적질하여 이득을 취한 다음 조선으로 침범한 자들이라고 파악하게 되었다.

을묘왜변을 일으킨 사람들에 대한 더욱 구체적인 정보는 왜변이 일어난 다음 해인 1556년(명종 11), 쓰시마섬에서 파견해 온 조구(調久)와의 문답을 통해서 알 수 있다. 조구는 쓰시마섬의 도주가 왜구의 공격 계획을 조선에 알리기 위해 파견한 사람이었다. 그 문답 내용은 다음과 같다.

"어느 지역 왜인이 노략질을 하려고 하는가?"
"사주(四州)와 오행산(五幸山) 등에 사는 사람들입니다."

"그 말을 어디에서 들었는가?"
"올 정월에 박다주(博多州)에 가니 적간관(赤間關)·살마주(薩摩州) 등지의 사람들이 와서 말했습니다. 중국 사람으로서 오봉이라고 일컫는 자가 적왜를 거느리고 중국에 들어가 노략질을 하려 한다고 했습니다."

"너는 오봉을 보았는가?"
"평호도(平戶島)에서 보았습니다. 3백여 명을 거느리고 큰 배 한 척을 타고 있었는데 늘 비단옷을 입고 다녔습니다. 그 무리가 대략 2천 명쯤 되었습니다."

"그가 포로가 되어 그곳에 있게 된 것인가, 아니면 스스로 도적[賊]이 되기 위해 들어간 것인가?"
"처음에는 물화의 교역 때문에 일본에 왔다가 적왜와 결탁하여 왕래하면서 노략질을 하고 있습니다."

"지난해에 노략질한 것은 어느 지역 사람의 짓인가?"

"아파(阿波)·이예(伊豫)·찬기(讚岐)·토사(土沙)의 네 주 사람들과 오행산 왜인들이 무리를 지어 와서 노략질했습니다."

"지난해 적왜 중에 또한 대마도 사람이 있다고 하는 것을 들었는데 어째서 그와 같이 되었는가?"
"이는 본도의 왜인들이 신축 연간에 제포(薺浦) 등지에서 매매하다가 죄를 짓자 오행산으로 도망쳐 가서 마음을 같이해 노략질을 한 것입니다."

—『명종실록』, 명종 11년 4월 1일 기축 1번째 기사

위에서 '사주'는 시코쿠, 오행산은 고토 제도를 뜻한다. 히라도에 살던 오봉, 즉 왕직이 고토 제도와 시코쿠 사람들을 이끌고 중국에서 노략질을 하려고 한다는 것이다. 그리고 그 1년 전에 일어난 을묘왜변도 바로 이 사람들에 의한 것이라고 말하고 있다. 아울러 여기에서는 고토 제도에 근거를 두고 히라도에 살던 왕직(오봉)이 처음에는 무역을 위해 일본으로 왔었다는 사실도 말하고 있다. 조선 조정에서도 어느 정도 파악하고 있던 것처럼 을묘왜변은 왕직이 이끌던 왜구가 중국 대륙에서 약

탈하고 일본으로 돌아가는 길에 일으킨 사건이었던 것이다.

이와 관련된 사실은 을묘왜변 직후 조선 조정에서 왜구에 대한 대책을 논의할 때 언급된 '왜구의 배'를 통해서도 엿볼 수 있다. 영의정 심연원(沈連源)은 왜선이 전에는 얇은 판자로 만들었기 때문에 부수기가 매우 쉬웠는데, 지금은 중국인들과 교통하여 배를 아주 견고하게 만들었으므로 총통으로도 부술 수가 없다고 하고, 또한 왜구들이 사용하는 총통이 극히 교묘해 지금의 왜구들을 막기가 그전보다 어렵다고 말하고 있다(『명종실록』, 명종 10년 5월 16일 기유 5번째 기사).

'왜선'에 대한 중국의 기록에도 과거의 왜선으로는 바다를 건너 중국으로 오기까지 한 달 이상이 걸렸는데, 중국의 배처럼 바닥을 무겁게 하고 배 밑을 뾰족하게 만들어서 파랑을 뚫을 수 있게 되었고 옆바람이나 바람과 싸우는 것을 두려워하지 않게 되어 며칠 만에 바다를 건너 중국에 이를 수 있게 되었다는 내용이 있다. 왜구들이 이용한 '왜선'의 변화는 왕직이 일본에서 배를 건조했던 사실과 직접적인 관련성을 갖는다.

이런 여러 내용을 통해 을묘왜변을 일으킨 것은 왕직이 이끌었던 중국인과 일본인으로 구성된, 전형적인 형태의 '가정 왜구'였음을 알 수 있다. 그런데 왕직은 그 후 절직 총독(浙直總督) 호종헌(胡宗憲)의 회유에 응해 1557년, 명나라로 돌아가 투항했다가 호종헌 등의 배신으로 체포되어 죄인의 몸이 되었다. 하루아침에 처형에 처해질 운명에 빠진 왕직이 자신의 억울함 등을 담아 명나라 조정에 올린 상소에는 을묘왜변을 일으킨 것은 자신들과 관계없는 사쓰마 등의 왜구라는 내용이 있다. 그러나, 이것은 왕직이 자신의 죄를 감추기 위한 의도에서 말한 것이라고 볼 수 있다. 명나라 조정에 올리는 상소에 굳이 조선에서의 약탈을 거론한 것은 그들이 저질렀던 사건을 다른 무리에게 그 책임을 전가함으로써 자신들은 약탈을 일삼는 흉포한 무리가 아니라는 것을 항변하고자 했던 것이다.

을묘왜변 이후 가장 큰 이익을 얻은 것은 엉뚱하게도 쓰시마섬이었다. 조선 조정은 을묘왜변이 터진 뒤 새삼 쓰시마섬에서의 경고를 곱씹어 보게 되었다. 실은 달량포에 왜선이 나타난 다음 날인 음력 5월 12일, 공교롭게도 조선 조정에서는 대마도주의 서계 내용을 거론하며 경상도와 전라도의 방비에 대해 논하고 있었다. 달량포에서의 패전 소식이 조선 조정에 전해진 것은 그 4일 뒤였다. 혹시나 했던 일이 터지자 조선 조정에서는 쓰시마섬의 도주가 실제로는 왜구 방비에 아무런 공적도 없다는 것을 알고 있었지만, 그가 전해 오는 소식을 더 이상 무시할 수도 없게 되었다.

쓰시마섬은 을묘왜변 이후 조선에 대해 이번에도 적극

적으로 그 후속 조치를 취했다. 음력 6월 초, 쓰시마섬에서는 또다시 도적들의 배 1천여 척이 오도(吾都, 한자 발음상 고토 제도를 지칭했을 가능성이 높다) 등의 섬에서 도적질을 한 뒤 90여 척이 세 무리로 나누어 떠났으니, 분명히 조선으로 갔을 것이라며 주의할 것과 만약 이들이 쓰시마섬을 지날 경우에는 이들을 막아 조선으로 가지 못하게 하겠다는 서간을 보내왔다.

그리고 음력 8월 초에는 쓰시마섬을 통과하던 4척의 도적선 중 1척을 추격해 25명의 목을 베어 조선에 보내왔다. 이때 같이 보내온 조선의 우산에는 "가정을묘 삼월일 나주소납병영상(嘉靖乙卯三月日羅州所納兵營上)"이라는 글자가 적혀 있었다. 이를 보면 이들 도적선은 을묘왜변 때 전라도에 침범했던 무리와 연관이 있었을 것이다.

당시 쓰시마섬은 실제로 왜구에 그다지 영향력을 행사할 수 없었지만, 왜구 방지에 관해 자신들의 필요성과 공적을 계속해서 강조했다. 1556년(명종 11) 음력 2월, 쓰시마섬의 도주 소 모리나가는 전해 들은 이야기라며 "동이(東夷)·서융이 중국을 침범하고자 서해(西海)에 띄운 크고 작은 배가 수백 척인데, 그들이 은밀히 의논하기를, '전에 중국을 노략질할 때는 패하지 않았는데 지난해 초에 조선에 갔다가 패한 것은 쓰시마섬이 날마다 통신하여 조선에 알렸기 때문이니 지금 기계(奇計)를 내어 먼저 쓰시마섬을 치고 동이·서융의 용감한 자들을 모아 밤낮으로 조선을 노략한다면 어찌 성공하지 못할 리가 있겠는가?'"라고 하였다는 내용을 조선에 전했다.

앞에서 보았지만, 을묘왜변 전 쓰시마섬이 조선에 전한 왜구 침입에 대한 경고는 조선이 왜구를 격퇴하는 데 어떤 영향도 미치지 못했다. 그리고 쓰시마섬을 공격하겠다는 '은밀한 의논'을 쓰시마섬 도주가 알고 있는 것도 이상하다. 결국 이 이야기는 쓰시마섬이 만들어 냈을 가능성이 매우 높다고 할 수 있다.

여하튼 쓰시마섬은 이후에도 조선에 왜구의 공격 가능성을 계속 경고해 왔다. 앞에서 예로 들었던 조구의 경우도 그중 하나이다. 이와 같은 쓰시마섬의 지속적인 노력에, 조선 조정은 일본과의 통교에서 쓰시마섬의 역할을 인정하고 그들의 간청을 받아들여 1557년(명종 12) 음력 3월, 쓰시마섬에 세견선 5척을 허락해 주었다.

중국 대륙에서 '가정왜구'가 한창이던 때 이들이 조선에서 일으킨 본격적인 약탈 사건은 을묘왜변뿐이다. 을묘왜변을 전후로 작은 사건이 있기는 했지만, 중국 대륙과 달리 왜구가 많이 발생하지 않았던 것은 후기왜구의 약탈 대상으로 한반도의 연안 지역이 그다지 매력적이지 않았기 때문일 수 있다. 후기왜구가 원하던 약탈품은 전기왜구처럼 식량이 아니었다. 그리고 특히 1558년 이후 왜구 활동의 중심 지역이 푸젠 지역으로 남하한 뒤에는 더더군다나 항로상 왜구가 한반도 지역을 지나칠 일은 많지 않게 되었다.

흔히 을묘왜변은 고려 말부터 시작되어 계속 반복되어 일어났던 왜구 사건의 하나이며 그 이전의 삼포왜란, 사량진왜변과 연장선상의 사건으로 이해되는 경우가 많다. 그렇지만 을묘왜변은 조선에서 발생했던 기존의 왜구와는 사뭇 다른 성격의 왜구였다. 실행 주체의 핵심에는 본래는 밀무역 상인이었던 중국인들이 있었다. 물론 그렇다고 해서 그 왜구들을 단순히 상인 집단이었다고는 볼 수 없다.

중국 대륙에서 명나라의 정규군이 '가정왜구'에게 연이어 참패를 당했던 것처럼, 을묘왜변에서 조선의 수비군도 무참하게 패배했다. 아무리 조선이 평화로운 시기였다고 하더라도 왜구는 조선의 정규군이 제대로 대적하지 못할 정도로 강한 무력을 가지고 있었다. 을묘왜변이 발생하기 3년 전인 1552년(명종 7) 6월, 제주도에 나타났던 왜구에 대해 제주 목사는 "이들은 상고(商賈)의 무리가 아니어서 형명(刑名, 군대를 지휘하고 통신을 하기 위한 각종 도구)과 전구(戰具, 전쟁에서 쓰는 도구)를 다 갖추었다"라고 보고했다.

이 보고를 통해서도 알 수 있듯이 이들은 결코 단순한 상인의 무리가 아니었다. 왜구에 강한 무력을 제공한 일정 부분은 중국인 밀무역자들이 끌어들인 일본인들의 몫이었다. 무력을 사용해 노략질을 행하던 일본인들이 '가정왜구' 안에 존재했던 것만은 그 이전의 왜구와 크게 다를 바 없었다.

4. 무조건 싹 잡아서 죽여라!

을묘왜변 이후 왜구에 대한 조선의 태도는 일변했다. 을묘왜변 때의 교훈으로 쓰시마섬으로부터의 경고에 그때마다 방비를 강화하는 등 여러 대책을 세우게 되었다. 또한 각 지역에 정박하거나 표류해 오는 왜선이나 황당선에 대해서는 적극적으로 대처했다. 당시 조선에서는 "조그마한 왜적이 날뛰는 것도 대단히 통분하게 여겨, 만약 적선을 만나면 꼭 끝까지 추격하여 모조리 섬멸하게 하고, 추격하여 미처 사로잡지 못한 자에 대해서는 나가 싸우지 않았다는 법률로써 죄를 주었다"(『명종실록』, 명종 14년 8월 5일 갑진 1번째 기사).

그런데, 을묘왜변 이전부터 문제가 되던 중국인의 처리

문제는 여전히 골치 아픈 면이 있었다. 그들이 명나라의 법령을 어기고 있던 것은 분명하지만 조선과 명나라의 관계에서 그들을 무조건 죽이는 것은 문제의 소지가 있었다.

또한 일본인들이라도 단순하게 표류해 온 사람들을 살해하는 것은 인도적인 측면에서도 고려해 볼 일이었다. 1559년(명종 14) 음력 8월, 영의정 상진(尙震)은 왜인을 마구 죽이는 폐단을 지적하고 인도적인 문제와 일본과의 신의 문제 등을 들며 표류해 항복을 청하는 사람들은 죽이지 말자고 건의했다. 이에 명종도 처음에는 동의하는 듯한 태도를 보였는데, 그 의견에 대해 의정부에서 본격적으로 논의하도록 명령했다.

음력 9월 11일, 의정부에서 왜선의 처리 문제에 대한 논의가 이루어졌다. 대신들은 다양한 방안을 내놓았다. 표류해 저항 없이 애걸하는 사람들은 한 사람도 죽이지 말고 배를 온전히 포획하여 본국에 돌려보내자는 의견, 항복한 사람들에게 낡은 배를 주어서 떠나게 하여 바다를 건너다가 배가 파손되어 죽도록 하자는 의견, 상륙하면 배를 태워 오도 가도 못하게 했다가 저절로 죽도록 하자는 의견, 항복을 청한 당인(唐人, 즉 중국인)은 중국으로 돌려보내고 왜인은 조선에 살게 해 백성으로 삼자는 의견 등등이 있었다. 명종이 이들 의견 중 최종적으로 채택한 것은 윤원형(尹元衡)의 방안이었다. 윤원형은 다음과 같이 주장했다.

> "요사이 중원(中原)에서 우리나라로 표류해 온 왜구들을 변장이 번번이 잡아 베는데… 표류하다가 여러 섬에 닿은 적선은 으레 식량이 모자라 몰래 조그만 배를 타고 나와 군사나 민간인을 죽이고 재산을 약탈하거나, 혹 숲에 숨어서 우리나라의 배를 기다렸다가 사람을 죽이고서 빼앗거나, 우리나라 사람의 옷을 입고서는 변장하여 해변을 횡행하며 악행을 저지르고 있습니다. 이것을 어떻게 참을 수 있겠습니까? 또 지난날 우리 백성을 죽인 자들이 오늘 항복을 빈다고 해서 차마 죽일 수 없다고 여겨 구차한 은혜를 베풀려고 한다면, 이는 송 양공(宋襄公)이 머리털이 희끗희끗한 사람을 바로잡지 않았던 일과 무엇이 다르겠습니까?"
>
> —『명종실록』, 명종 14년 9월 11일 기묘 1번째 기사

윤원형이 말하는 송 양공의 고사는 춘추시대 송나라의 군주인 양공이 홍수(泓水)에서 초나라에게 크게 패했던 일을 말한다. 송나라 군대는 수적으로 불리했는데, 재상인 목이가 양공

에게 초나라 군대가 강을 건너는 동안 공격하자고 주장하자 양공은 이를 받아들이지 않았고 또 전열을 갖추기 전에 공격하자는 의견도 물리쳤다가 결국 크게 패하고 양공도 부상을 당했다.

양공이 목이의 주장을 받아들이지 않았던 것은 "군자는 다친 자를 치지 않으며 머리 희끗희끗한 자를 잡지 않는다. 옛날의 용병(用兵)은 궁지에 몰린 적을 치지 않았다"라는 이유에서였다. 윤원형은 이 이야기에 빗대어 쓸데없는 인정을 베풀었다가 나중에 크게 당할 수 있다고 말한 것이다.

나흘 뒤인 음력 9월 15일, 명종은 왜선의 처리 문제에 결론을 내리고 이렇게 명령을 내렸다.

> "내가 다시 생각해 보니, 군령(軍令)은 마땅히 엄숙해야지 조금이라도 해이해지게 되면 변장들이 게을러질 것이다. 영부사(윤원형)의 의견이 군국(軍國)의 큰 계책에 합당할 듯하다. 이제 별도의 새로운 규약을 세워 장졸(將卒)들의 싸우기 싫어하는 습성을 더욱 자라게 하는 것은 옳지 않다. 다만 끝까지 추격할 수 없는 먼바다까지는 추격하지 말도록 하라."
>
> —『명종실록』, 명종 14년 9월 15일 계미 1번째 기사

최종 판단은 "가능한 한 모두 잡아 죽여라!"였다. 바다를 통해 조선 연안으로 온 사람들은 대부분 그들이 본래 어떤 사람들인지와 관계없이 모두 왜구로 취급된 것이다.

에필로그

각각의 지역에서 그리고 시대에 따라 왜구는 그 다양한 모습 중 일부분이 부각되어 이용되어 왔다. 사람들은 그렇게 부각된 모습을 통해서 왜구를 이해하고 평가해 왔다. 〈왜구는 정의할 수 없는 존재〉인 만큼, 반대로 많은 사람에 의해 다양한 정의가 내려져 왔다. 그러나 왜구의 실체라는 것을 밝힌다고 하면서도 결국 자기가 보고 싶은 것만을 보았던 것이었는지도 모른다.

왜구의 최대 특징은 '다양성'

왜구가 한창이던 때 왜선·황당선에 대해 조선 조정에서 내린 결정은 명나라에서 왜구를 규정하고 대처하던 방식과 크게 다를 바 없었다. 노략질을 하던 해적이건, 불법적인 밀무역을 하던 상인이건, 단순한 표류자이건 왜구로서 대했던 것이다. "왜구는 정의할 수 없는 존재이다"라는 정의 아닌 정의(?)가 있다. 이렇게 왜구를 정의할 수밖에 없는 까닭은 '왜구'라는 같은 말로 불리더라도 오랜 기간에 걸쳐 다양한 모습으로 존재했기 때문이다.

지금까지 보아 왔던 것처럼 13세기와 14세기의 왜구에 차이가 있고, 14~15세기의 전기왜구와 16세기의 후기왜구는 상당히 다른 면이 많을 뿐만 아니라 같은 시기의 왜구라도 상세히 살펴보면 실로 여러 형태가 있었다.

후기왜구의 경우 보통 '다수가 중국인이었다'라고 설명되지만 경우에 따라서는 일본인만으로 이루어진 왜구도 있었다. 중국인 왜구 지도자가 부각되어 왜구를 이끈 주체를 종종 중국인 혹은 중국인 출신이라고 하지만, 왜구 안에는 일본인 지도자도 있었고 오히려 일본인 지도자가 최고 결정권을 갖고 있었다고 생각되는 기록도 있다.

또한 성을 공격하기 위한 무기까지 갖추고 병법(兵法)·진법(陣法)을 구사하는 등 전문적인 군사 집단과 같은 왜구가 있었던 반면, 단순히 연안에 표류해 와서 생존을 위해 본인들의 의사와는 무관하게 어쩔 수 없이 왜구가 되는 경우도 있었다. 그리고 일본이나 해적과는 아무런 관계가 없던 사람들이 왜구로 몰려 '왜구'로서 죽임을 당한 경우도 있었다.

후기왜구를 중국의 밀무역 상인에 의한 것이고 그들의 행위를 밀무역의 일환이나 그 연장선상에서 발생한 것으로 파악하는 시각이 있다. 그렇지만 중국에서 맹위를 떨쳤을 때의 '가정왜구'는 상인이나 무역이라는 이미지와는 달리 명나라 군대가 제대로 대응하지 못할 만큼의 대단한 무력 집단이었다. 예를 들어 유명한 사건으로 1555년 음력 7월부터 약 80여 일간

《왜구도권》에서 묘사된 왜구와 명군의 전투(일본 도쿄대학교 사료편찬소 소장)

불과 60~70명의 왜구가 항주에서 시작해 각지를 돌아다니며 노략질을 벌인 일이 있었다.

인원수도 얼마 되지 않았던 이들에 의해 피해를 당한 지역은 수천 리에 이르렀고 죽거나 부상당한 사람의 수는 4천여 명에 달했다고 한다. 당시 일본은 전국시대로 왜구에는 이른바 '무사'들이 다수 참여하고 있었을 가능성도 있다. 무사에도 여러 부류가 있었기에 특정 지을 수는 없지만, 일반적으로 생각하면 당시 일본 각지에서 난립하던 유력 세력(집안)의 '군대'를 떠올릴 수 있다. 그렇지만, 전기왜구와 마찬가지로 후기왜구의 시기에도 당시 일본의 유력 세력들이 직접 중국으로 군대를 파견했다는 기록은 없다.

한편, 중국의 역사 기록에는 전신에 갑옷을 두르고 손에는 부채와 같은 것을 휘두르며 지휘하는 왜구 우두머리의 모습이 묘사되기도 한다. 이것은 그 시기 일본 전국시대의 전장에서 유력 영주가 군대를 지휘하는 모습을 연상시킨다. 또한 중국의 사료 중에는 왜구의 두목 중 '오스미[大隅] 도주(島主)의 동생'이나 '사쓰마[薩摩] 왕의 동생'과 같이 높은 지위의 사람들이 있었다는 기록도 있다.

하지만 일본의 사료에서 이에 해당하는 인물들은 찾을 수 없고 그처럼 높은 지위의 사람들이 노략질을 하러 중국 대륙으로 갔다는 기록 역시 없다. 왜구의 두목 대부분은 전사하거나 잡혀서 처형당했지만, 아지발도의 경우와 마찬가지로 당시 일본의 유력 인물이 해외로 나가 사망했다는 기록은 찾을 수 없다. '기록'이라는 부분에서 왜구는 여전히 밝혀야 할 부분이 많은 것이다.

왜구 토벌의 공으로 중국에서 '민족 영웅'으로 불리는 척계광(戚繼光)을 다룬 중국의 드라마나 영화에서는 왜구가 일본 전국시대의 무장이나 병사들로 묘사되는 경우가 많지만, 과거 명대의 왜구를 그린 그림이나 왜구의 모습을 묘사한 문자 기록의 내용을 보면 그와는 다소 거리가 멀다. 후기왜구에 대한 많은 사료에도 불구하고, 왜구의 상세한 모습에 대해서도 아직도 밝혀지지 않은 점과 더 따져 봐야 할 사항이 있는 것이다.

일반화의 오류라는 것이 있다. 일부분이나 특별한 경우를 전체로 착각하여 범하는 잘못된 생각 등을 말한다. 다양한 형태가 존재했던 왜구도 이런 점을 주의해야 한다. 시기나 지역에 따라 다르기도 하고 심지어 같은 시기, 같은 지역의 왜구라도 다른 경우가 있었다.

앞서 후기왜구에 다양한 경우가 있었다고 몇 가지 예를 들며 말했는데, 전기왜구 역시 다양한 형태가 있었다. 아지발도와 같이 특수한 경우를 고려 말의 다른 왜구들에 모두 다 적용시킬 수는 없을 것이다. 마찬가지로 왜구 집단에 참가하거나 왜구를 가장했던 고려인이나 조선인들이 있었다고 해서 이것을 왜구 전체의 특성으로 일반화시키는 것도 무리가 많다.

이런 다양성을 무시하고 어느 한쪽의 특성만을 들어 그것을 강조할 경우 '같은 왜구'라도 전혀 다르게 설명될 수 있다. '같은 왜구'에 대해서 종종 한국·일본·중국에서 사뭇 다르게 묘사하는 경우가 바로 그렇다. 아울러 같은 나라에서도 왜구를 보는 시각에 따라서는 사뭇 다르게 설명되기도 한다. 최근의 '토착왜구'라는 유래를 알 수 없는 표현도 그중 하나이다.

후기왜구의 경우 중국에서는 왜구의 어떤 점을 강조하는가에 따라 전혀 다른 모습으로 설명되기도 한다. 왜구는 중국 대륙에서 약탈을 일삼는 한편 일본이나 동남아시아 등지에까지 나아가 활동했다. 중국인과 일본인으로 구성된 왜구의 일파는 스페인의 지배하에 있던 필리핀을 공격하기도 했다. 중국의 입장에서 왜구는 약탈자이면서도 한편으로는 중국인 사무역자가 지도하고 다수의 중국인이 참여했던 '과거 중국인의 해외 활동'이라고도 볼 수 있다. 그리고 그 어느 쪽을 중시하느냐에 따라 전혀 다른 모습의 왜구가 그려지거나 전혀 다른 평가가 이루어진다.

예를 들어 왜구에 참여한 중국인들은 과거와 같이 왜구를 '외부의 침략자'로 보는 경우에는 '한간(漢奸)'이라는 일종의 민족반역자로 취급되는 반면, '중국인의 해양 활동'으로 현양할 때는 '선구적인 해외 사무역자'라고 긍정적으로 평가된다. 근대 중국의 대표적 사상가·역사가인 량치차오(梁啓超)는 가정왜구의 계보를 잇는 해도(海盜) 장련(張璉)을 '중국 식민(植民)의 8대 위인' 중 한 명으로 꼽기도 했다. 그야말로 극과 극의 평가라고 할 수 있다.

왜구는 무엇이었나?

왜구에 대한 평가가 가장 극과 극으로 변한 것은 일본에서이다. 메이지유신 이후 일본은 서양을 모델로 한 근대화를 추진했다. 모델로 삼았던 '근대 서양'에는 '제국주의적 침략'이라는 요소도 들어 있었다. 근대화가 추진된 초기부터 일본은 해외로의 진출을 강하게 의식하고 있었다. 그리고 일본인의 해외 활동이나 해외로의 진출 내지는 정복을 추진하며 그 정당성이나 필연성을 과거의 역사에서 찾으려고 했다. 왜구는 여기에 딱 들어맞는 역사적 존재였다.

그런데, 왜구에는 노략질을 일삼던 해적이라는 도덕적 결함이 있었다. 하지만 그런 흠보다는 이용 가치가 더 컸다. 한반도와 중국 대륙, 이어 동남아시아에서 태평양까지, 이들 모두는 왜구의 활동 지역이었다. 해적이라는 부정적인 면은 영국 등 대부분의 서양 제국들도 과거에 자행했던 것으로 자신들만 그런 것이 아니었다는 논리로 정당화시켰고, 이후에는 점차 왜구들이 자행했던 나쁜 행동은 감추어졌다.

대신 왜구의 공적이 강조되거나 혹은 날조되었다. 고려를 멸망시킨 것도 왜구가 되었고 이성계가 조선을 건국할 수 있던 것도 왜구의 덕분이라는 식이 되었다. 중국의 원나라와 명나라에 큰 타격을 주고 왜구의 방어를 계기로 상하이가 개발되었으며 타이완은 중국인이 개척하기 훨씬 이전에 이미 왜구가 근거를 두었던 일종의 식민지처럼 묘사되었다. 일본의 중국 대륙 침략이 본격화하면서 일본군의 진격과 점령지 확대는 과거 왜구의 약탈과 중첩되어 설명되었다. 자신들의 선조인 왜구가 밟았던 길을 다시 가게 되었고 또 점령하게 되었다는 일종의 역사적 당리성이 그 밑에 깔려 있었다.

1923년에 출간된 『소년의 노래(少年の歌)』(명작동화)라는 아동 대상의 서적에는 「일본 해적의 노래」라는 동시가 실려 있는데, 그 시에는 다음과 같은 구절이 있다.

옛날 왜구는 원정하여
지나(支那)·조선에서 남양(南洋)에서
자기 마음대로 차지했다.
해적 왜구의 행동은
그 대륙에 남아서
한 조각의 비석이 잘 이야기해 준다.
…
신일본의 해적은
전 지도 피로써 물들여라.
남양(南洋)에 세운 붉은 깃발
북강(北疆)에 심은 푸른 깃발
세계 동서남북을
히노마루의 깃발로 장식하자.

이런 왜구의 활약상은 당연히 일본인에 의해 이루어진 것이어야만 했다. 이에 후기왜구에 참여했던 중국인은 부수적인 존재로 취급되었고 어디까지나 왜구를 주도했던 것은 일본인 내지는 일본의 용맹한 무사들이 되었다. 대신 '중국인 왜구'는 다른 식의 쓸모가 있었다. 왜구가 자행한 온갖 나쁜 짓들은 모두 왜구 안의 중국인들이 저지른 것으로 치부되었다.

고려 말 왜구의 '남조(南朝) 주체설'도 이런 분위기에서 나왔다. 제국주의 일본에서는 남조를 정통으로 삼았다. 남조는 결국 북조에 굴복했지만, 남조에 속한 무사들이 해외로 나가 정복 활동을 펼쳤다는 것은 남조를 드높이는 데 효과적일 수 있었다. 왜구는 단순한 해적이나 연해의 빈민들로 이루어진 것이 아니라 당당한 일본의 무사들이었다고 주장되었다. 잔혹한 행동은 말도 안 되는 논리로 미화시키고 왜구가 온정을 베풀었다는 극히 드문 예는 크게 부풀려졌다.

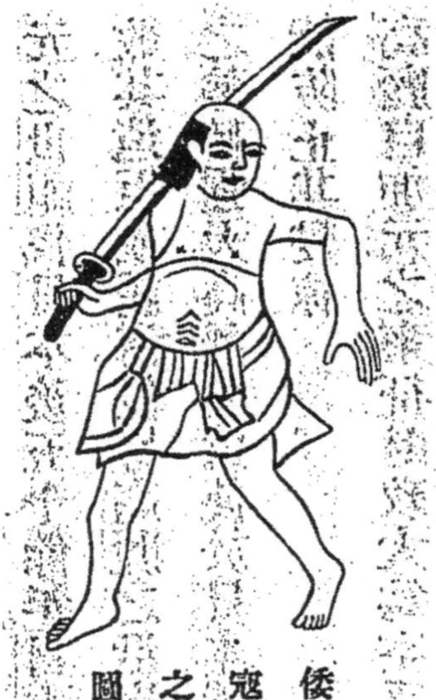

『동아사과본(東亜史課本)』(1904)에 묘사된 왜구(좌)와 『일본외교사(아동도서관총서 25편)』(1925)에 묘사된 왜구(우)(일본 국립국회도서관 웹사이트에서 전재). 『일본외교사(아동도서관총서 25편)』(1925)의 왜구는 종래와는 다르게 '일본 무사'로서의 모습을 하고 있다

기존의 이미지를 바꾸기 위해 역사 교과서 등에서 왜구는 새롭게 그려졌다. 맨발에 벌거벗고 큰 칼을 어깨에 걸친 종래의 왜구 그림에서 전신에 갑옷을 입고 배에서 내려 힘차게 육지로 올라가는 무사들의 모습으로 바뀌었다. 그리고 이런 경향하에서 자연스레 상인이라는 이미지도 축소되었다.

이와 같은 왜구에 대한 '긍정적 설명'은 1945년 이후 거의 사라졌다. 그리고 이전과는 다른 시각과 설명이 이루어졌다. 후기왜구는 중국인 주체의 활동으로 설명되었고 반대로 이번에는 일본인이 부수적 존재가 되었다. 중국인 사무역자들의 무역 활동이 부각되었고 상대적으로 왜구의 폭력 행위와 그에 대한 명나라 군대의 토벌 문제는 그다지 중시되지 않았다.

그리고 고려·조선의 왜구에 대해서는 새롭게 고려·조선인의 참여 문제가 제기되면서 전기, 후기 할 것 없이 왜구는 '일본인만의 행위가 아닌 것'으로 되었다. 일본의 일부 극우적 성향의 사람들은 이런 점을 더 부풀렸고 한국과 중국의 입장에서 이와 같은 설명은 일본이 자신들이 저지른 과거의 잘못을 감추기 위한 것이라고 보기에 충분했다.

'가정왜구'의 기억이 강렬했던 중국에서는 임진왜란을 '만력왜구(萬曆倭寇)'라고 부른다. 중국인에게도 왜구는 일본의 강력한 침략자라는 인식이 있었다. 만주족이 건국한 청(淸)이

만리장성을 넘어 중원으로 들어온 후 남쪽으로 도망쳐 재기를 노리던 남명(南明) 정권에서는 과거 강렬했던 왜구의 기억을 떠올려 일본에 원병을 청해 청나라를 물리치자는 논의가 이루어지기도 했다. 그렇지만 청대 중국에서 왜구는 그다지 관심의 대상이 아니었다.

중국에서 왜구가 다시 주목된 것은 근대 이후 일본의 침략이 시작되면서부터이다. 일본군의 진주(進駐)와 이들이 행한 악행은 명대 왜구의 '나쁜' 기억을 되살렸다. 중국 대륙 각지에서 이루어지던 '일본(군)의 침략'은 종종 '왜구'로 표기되었다. 아울러 민족의식을 드높이기 위해 왜구를 물리친 척계광의 사원이 각지에 건립되며 '민족 영웅'으로 추앙되었다.

1980년대 이후 왜구를 중국인 사무역자들이 중심이 된 것으로 보고 중국인의 해상 활동으로써 긍정적으로 평가하는 중국의 학자들도 있지만, 학교 교육 등 중국의 주류 역사관에서 왜구는 여전히 '일본인 침략자'일 뿐이며, 그를 물리친 척계광은 중국의 대표적인 '민족 영웅'으로 되어 있다. 특히 21세기에 들어와 '하나의 중국'·'중화민족' 등을 강조하면서 이런 역사관은 오히려 강화된 측면이 있다.

왜구의 피해자였던 한국도 중국과 크게 다르지 않았다. 왜구는 갖은 악행을 일삼고 많은 피해를 준 일본의 침략자였다. 영웅 이성계를 만드는 데 이용된 왜구는 조선시대 『삼강행실도』 등과 같이 열녀나 충신의 이야기에서도 악역으로 등장한다. 중국에서처럼 임진왜란은 과거 왜구의 일을 다시 떠올리게 했고 아지발도의 이름은 조선 말까지도 회자되었다. 근대 이후 일본의 침략은 중국과 마찬가지로 한국에서도 종종 '왜구'로 불렸다.

『백범일지』의 "나는 평소에 무슨 일이든지 성심껏 보거니 하는 자신도 있었다. 그러나 나라를 남에게 먹히지 않게 구원하겠다는 내가, 남의 나라를 한꺼번에 삼키고 되씹는 저 왜구와 같이 밤을 새워 일한 적이 몇 번이었던가? 스스로 물어보니, 온몸이 바늘방석에 누운 듯이 고통스러운 와중에도, 내가 과연 망국노의 근성이 있지 않은가 하여 부끄러운 눈물이 눈시울에 가득 찼다"라는 문구에서처럼 왜구는 '일본(인)의 침략'을 뜻하는 대명사처럼 사용되었다. 그리고 고대부터 현재에 이르기까지 일본의 침략이나 그에 준하는 행동은 필요에 따라 왜구와 같은 것으로 취급되었다.

역사상 같은 침략이라도 누구에 의해 어떻게 이루어졌는가에 대해서는 차이가 있고 어느 정도 구분은 되었다. 그렇지만, 고대 한반도의 왜, 고려 말·조선 초의 왜구, 도요토미 히데요시의 조선 침략(임진왜란), 그리고 근대 이후 일본의 침략은 그 내용이나 '침략의 성격'은 모두 다르다고 할 수 있음에도 일본(인)에 의한 "끊임없는 침략"과 같은 식으로 연속선상에서 취급되었다. 더군다나 중국과 달리 한국에서는 왜구가 다른 식으로 이해되거나 이용될 여지도 별로 없었다.

각각의 지역에서 그리고 시대에 따라 왜구는 그 다양한 모습 중 일부분이 부각되어 이용되어 왔다. 사람들은 그렇게 부각된 모습을 통해서 왜구를 이해하고 평가해 왔다. '왜구는 정의할 수 없는 존재'인 만큼, 반대로 많은 사람에 의해 다양한 정의가 내려져 왔다. 그러나 왜구의 실체라는 것을 밝힌다고 하면서도 결국 자기가 보고 싶은 것만을 보았던 것이었는지도 모른다. 왜구는 실로 다양한 형태였기 때문에 왜구의 실체이니 본질이니 하는 것을 간단히 말하는 것은 거의 불가능에 가깝다. "왜구는 무엇이었는가?"에 대한 대답도 마찬가지이다.